以对外投资促进国内发展

——2020年中国国际直接投资报告

赵蓓文 等 / 著

YI DUIWAI

TOUZI

CUJIN

GUONEI

FAZHAN

2020NIAN

ZHONGGUO

GUOJIZHIJIETOUZI

BAOGAO

上海社会科学院出版社
SHANGHAI ACADEMY OF SOCIAL SCIENCES PRESS

本 书 作 者

上海社会科学院世界经济研究所长期跟踪研究国内外国际投资领域的理论与实践，尤其是与中国"引进来"与"走出去"相关的双向投资的发展。本书聚焦于近年来中国对外投资的发展、现状与趋势，研究如何以对外投资促进国内发展。本书的具体分工如下：

绪　论　赵蓓文
第一章　刘　芳
第二章　刘　芳
第三章　吕文洁
第四章　周大鹏
第五章　王　莹
第六章　王　莹
第七章　周大鹏
第八章　刘　晨
第九章　刘　晨
第十章　李珮璘

全书由赵蓓文研究员拟定总体框架和写作思路，并负责统稿、删减、补充、调整和最终定稿。

本书在撰写过程中得到诸多学术界前辈、同行的支持和帮助，在此一并予以感谢！

本书撰稿组
2020 年 11 月

目 录

绪论 1

第一章 新形势下中国对外直接投资的发展趋势 4

第一节 中国对外直接投资的新特点 4

一、2019年中国对外直接投资流量超千亿美元 5

二、2019年中国对外直接投资流量位居全球第四 6

三、2019年中国对外直接投资存量持续增长 8

四、2019年中国对"一带一路"沿线国家投资比重提升 9

五、2019年中国对外投资行业中租赁和融资商业服务业

占比最高 11

六、2019年中国对外投资主体中民营企业比重稳定 13

第二节 中国对外投资相关政策法规发展历程与最新变化 13

一、坚持"引进来"和"走出去"并重 14

二、中国逐步完善对外投资相关制度 15

第三节 新冠疫情对中国对外投资的影响 20

一、新冠疫情使全球经济面临衰退 20

二、2020年全球投资预计将大幅下滑 21

三、新冠疫情中投资保护主义抬头 22

四、新冠疫情对中国对外投资的影响 23

第二章 2019年国际投资环境变化趋势 ····· 25
第一节 2019年全球营商环境变化概述 ····· 25
一、2019年全球营商环境排名前列国家（地区）以发达经济体为主 ····· 26
二、2019年全球营商环境排名较后经济体主要位于撒哈拉以南非洲地区 ····· 27
三、印度连续三年位列世界银行评选的营商环境提升最快的经济体前十名 ····· 28
四、2019年中国营商环境全球排名提升至31位，为历史最好水平 ····· 28

第二节 2019年全球外商投资政策变化 ····· 30
一、2019年全球外商投资政策以促进类为主 ····· 31
二、中国对外投资目的地的政策变化趋势 ····· 33
三、中国积极建设有利环境，促进外商投资 ····· 35

第三节 新冠疫情冲击下全球投资环境变化趋势 ····· 36
一、全球范围内跨国公司对外投资意愿普遍下降 ····· 36
二、新冠疫情加剧了发达国家对外商投资的审查力度 ····· 38
三、新冠疫情促使部分国家加速投资便利化改革 ····· 40

第三章 国际投资规则体系发展新趋势和新动向 ····· 42
第一节 国际投资协议签署新动向 ····· 42
一、国际投资协议数量趋势 ····· 42
二、重要经济体签署协议新动向 ····· 45

第二节 投资争端仲裁案件概况 ····· 49
一、投资仲裁案件数量和分布概况 ····· 49
二、裁决结果概况 ····· 51

第三节 全球投资规则改革新动向和主要挑战 …………… 52
　一、全球投资规则改革新动向 ……………………………… 53
　二、改革面临的主要挑战 …………………………………… 59

第四章　中国对外直接投资——美国篇 …………………… 62
第一节　美国的投资环境 …………………………………… 62
第二节　新冠肺炎疫情暴发对美国宏观经济的影响 ……… 64
第三节　中国对美国直接投资的现状与特点 ……………… 66
　一、发展趋势 ………………………………………………… 66
　二、进入模式 ………………………………………………… 67
　三、行业结构 ………………………………………………… 68
第四节　美国对中国投资开放政策及影响分析 …………… 70
　一、《减税和就业法案》对中资企业的影响 ……………… 70
　二、《外国投资风险审查现代化法案》对中资企业的影响 … 72
　三、中美第一阶段经贸协议达成对中资企业的影响 ……… 74

第五章　中国对外投资——欧盟篇 ………………………… 75
第一节　欧盟经济增长概况 ………………………………… 75
　一、经济基本面 ……………………………………………… 76
　二、宏观经济政策 …………………………………………… 82
第二节　中国对欧投资的基本情况 ………………………… 86
第三节　欧盟对中国投资开放政策的主要变化 …………… 91
　一、适用范围 ………………………………………………… 92
　二、合作机制 ………………………………………………… 92
第四节　中欧投资谈判进展 ………………………………… 97
第五节　中国对欧投资典型案例 …………………………… 99

第六章　中国对外投资——日俄篇 ·········· 101
第一节　中国对日投资研究 ·········· 101
一、日本经济增长概况 ·········· 101
二、中国对日投资的基本情况 ·········· 109
三、日本对中国投资开放政策的主要变化 ·········· 113
四、中日投资谈判进展 ·········· 117
五、中国对日投资典型案例 ·········· 118
第二节　中国对俄投资研究 ·········· 119
一、俄罗斯经济增长概况 ·········· 119
二、中国对俄投资基本情况 ·········· 125
三、中俄投资谈判进展 ·········· 128
四、中国对俄投资典型案例 ·········· 130

第七章　中国对外投资——亚洲"一带一路"篇 ·········· 131
第一节　中国对亚洲"一带一路"沿线国家投资的流量和存量 ··· 131
第二节　新冠肺炎疫情对亚洲经济的影响 ·········· 133
第三节　中国对马来西亚直接投资 ·········· 135
一、马来西亚投资环境简介 ·········· 136
二、中国对马来西亚直接投资情况 ·········· 136
三、马来西亚皇京港项目案例分析 ·········· 137

第八章　中国对外直接投资——拉丁美洲篇 ·········· 143
第一节　拉丁美洲的经济发展与FDI趋势 ·········· 143
一、拉丁美洲经济发展趋势 ·········· 143
二、拉丁美洲外国直接投资的变动情况 ·········· 145
三、中国对拉丁美洲的投资历史 ·········· 147

第二节　2017—2018年中国对拉丁美洲的投资 ········· 150
　　一、总体情况概括 ····································· 150
　　二、中国对拉丁美洲的并购情况 ······················· 152
　　三、中国对拉丁美洲直接投资情况 ····················· 155

第三节　主要案例分析 ····································· 156
　　一、国别分析：中国在巴西的投资特点 ················· 157
　　二、行业分析：中国与秘鲁能源项目管理 ··············· 158

第四节　拉丁美洲新冠疫情对中国投资的影响 ··········· 160

第九章　中国对外直接投资——非洲篇 ············ 161

第一节　非洲国家的经济形势 ······························ 161
　　一、非洲国家的经济增长趋势 ························· 161
　　二、非洲外国直接投资的发展趋势 ····················· 162

第二节　中国对非洲直接投资的发展与特点 ·············· 164
　　一、中国对非洲投资的发展历程 ······················· 164
　　二、2018年中国企业对非洲投资情况 ··················· 167

第三节　中国对非洲投资的行业特点 ······················ 169
　　一、石油行业并购 ····································· 170
　　二、基础设施建设 ····································· 171
　　三、"安哥拉模式" ···································· 172

第四节　中国对非洲投资的主要国家分析 ················ 174
　　一、中国与南非的经济合作 ··························· 174
　　二、中国企业与埃塞俄比亚的产业链建设 ··············· 176

第五节　新冠肺炎疫情可能对中非合作的影响 ············ 177

第十章　中国跨国公司发展现状的分析 …………………………… 179
　第一节　中国跨国公司发展概况 …………………………………… 179
　第二节　中国跨国公司的竞争优势分析 …………………………… 181
　　一、行业分布 ……………………………………………………… 181
　　二、技术实力 ……………………………………………………… 183
　　三、品牌控制 ……………………………………………………… 185
　　四、跨国程度 ……………………………………………………… 187
　第三节　短期内新冠肺炎疫情对中国跨国公司对外投资
　　　　　形成一定的冲击 ………………………………………… 190

主要参考文献 ………………………………………………………… 194

绪 论

当今世界面临百年未有之大变局,全球经济格局发生重大变化。

一是以中国为代表的新兴经济体迅速崛起,中国对世界经济增长的贡献率接近40%,超越美国、欧盟、日本三者的总和;美国对世界经济的影响正在受到挑战。

二是美国试图改变现行的世界贸易组织规则,WTO改革已在成员方内形成广泛共识。2017年以后中国立场发生转变,由最初与美欧等发达国家的改革方案存在明显分歧和对立转变为赞成WTO改革。这说明中国已经逐步适应现有的国际规则和机制。

三是作为全球投资贸易两大巨头的中国和美国之间,在制度和战略上长期存在的结构性矛盾集中爆发,中美之间的贸易摩擦已经扩散到政治、经济、外交、文化、科技、卫生等多个领域。

四是2020年初爆发的新冠肺炎疫情引致全球公共卫生危机,对次贷危机以来已经陷入衰退的世界经济造成冲击性影响。国际货币基金组织(IMF)首席经济学家戈皮纳特认为,2020年世界经济将萎缩3%,世界经济两年内或损失9万亿美元。联合国贸发会议(UNCTAD)在《2020年世界投资报告》中预测,2020年全球投资下滑幅度可能达到40%,2021年可能进一步扩大5%—10%,2022年才会出现初步恢复趋势。

同时,外部环境变化也对国内经济造成重大影响。

一是受新冠肺炎疫情影响,全球生产供应链一度中断,贸易保护主义开始盛行。部分国家以受到新冠肺炎疫情影响为理由,用各种方法拒绝执行或延迟执行订单,中国外贸企业遭遇订单流失,货款资金回收受到影响。

二是疫情在全球的迅速蔓延引发了各国在双向投资上的矛盾。一方面,2009年以来欧美实施再工业化战略以吸引本国海外企业回流的趋势迅速扩大化,对中国的外资流入产生负面影响。另一方面,部分国家出于对本国产业和企业的保护,对外商投资开始进行限制。例如,2020年4月18日,印度宣布对外国直接投资规则进行修改,针对与印度领土接壤的国家。这些国家在印度的外国直接投资,需要得到印度政府批准后才能实施。

三是目前中国很多大型企业已经融入全球产业链,国内外上下游企业能否提供原材料、中间产品以及本地企业的中间产品和最终产品能否维系原先的产销渠道,不仅取决于国内企业自身的复工复产情况,更取决于全球控疫抗疫的成果,取决于全球的共同抗疫合作。

在此背景下,一方面,全球外资安全审查已出现向高科技和金融领域拓展的趋势。主要表现形式为:

第一,审查范围从外资并购拓展到新兴行业的"关键技术"。例如,2020年6月,美国国防部根据《1999年国防授权法》第1237条款授权,将20家中国企业列为"军方公司"清单,包括华为、海康威视、中航工业、中国铁建、中国中车、中国移动和中国电信等。7月20日,美国商务部以所谓的新疆人权问题为名,将11家中国企业列入实体清单。被列入之后,这11家公司将无法购买美国原创产品,包括商品和技术。8月17日,美国商务部工业安全局(BIS)进一步升级其对华为及其在"实体清单"上的非美国分支机构使用美国技术和软件在国内外生产的产品的限制。8月26日,美国商务部工业安全局宣布将24家中国企业列入制裁名单,限制其获取美国技术。

第二,以合规检查、反洗钱等各种名义对金融业海外投资设置限制。特别是,虽然各类对于金融业外商投资的限制并未指定国家,即名义上适用于所有国家,但在实际的操作中,中资金融机构受到的来自美国等发达国家的外资安全审查是其中最为突出的。

第三,对于中国到"一带一路"沿线国家和地区的投资提出专门的抗衡方案。例如,2019年11月,美国海外私人投资公司、澳大利亚外交与贸易部(DFAT)及日本国际协力银行(JBIC)三方共同发起,提出了抗衡中国

"一带一路"倡议的"蓝点网络"计划。此外,欧盟委员会《有关外商直接投资(FDI)和资本自由流动、保护欧盟战略性资产收购指南》(2020年3月25日)、美国参议院通过的《外国公司问责法案》(2020年5月20日)等新政策对中国企业海外投资都将产生不利影响。西班牙、澳大利亚、意大利、加拿大、法国、日本、匈牙利等国家也在新冠肺炎疫情暴发后出台了针对外国直接投资的部分限制政策,同样影响到中国的对外直接投资。

另一方面,对外直接投资是促进国内发展的一个重要环节。大量的理论和实践证明,对外直接投资在一定程度上能够促进母国国内经济的发展。对于中国来说,对外投资不是简单的企业"走出去"、资本"走出去",而是通过各种渠道产生逆向的溢出效应,进而促进国内的经济发展。同时,促进对外直接投资的稳健发展也是中国构建以国内大循环为主体、国内国际双循环相互促进的新发展格局的重要途径。资本要素在国内国际的流动,在很大程度上需要双向投资的发展来打破其中的种种壁垒和障碍,需要以对外投资来促进国内发展。

综上所述,在中国防疫抗疫的过程中,必须以"转"应"变",通过进一步的对外开放来探索开放型经济新体制建设中新的发展机遇。在"十四五"期间,中国也将以更高水平的对外开放来应对全球经济的新变化。以"内"促"外"、"内""外"协同,中国不仅将在履行对外义务中进行制度型创新的探索;同时,中国也将在投资、贸易、金融、科技等领域的内外互动中,加快形成以国内大循环为主体、国内国际双循环相互促进的新发展格局。因此,分析、研判近年来中国企业对外直接投资所面临的国际环境变化,研究新冠肺炎疫情暴发以后全球经济治理新格局对中国企业对外直接投资的影响,探讨各主要国家和地区近年来特别是新冠肺炎疫情暴发以后对于外商直接投资的各项政策措施以及中国企业对外投资的实践案例,从中得出有利于中国企业应对国际环境变化、稳健发展对外直接投资的规律和对策建议,对于中国进一步扩大对外开放,完善国内国际双循环相互促进的新发展格局具有十分重要的理论意义和实践价值。

第一章
新形势下中国对外直接投资的发展趋势

在全球经济增长放缓、政策不确定性增加以及经贸摩擦风险提升的大背景下,2019年中国对外投资流量规模变化也呈现小幅下滑趋势,但是当年对外直接投资规模仍然超千亿美元,位居全球第四位。受疫情因素冲击,全球经济增长面临较大的下行压力,跨国投资也可能受到较大冲击,联合国贸发会议预测2020年全球投资下滑幅度可能达到40%。当前,中国在新冠疫情防控方面成绩斐然,国内已经全面复产复工,经济平稳有序恢复,未来将更加开放地走出去,积极应对疫情新形势。

第一节 中国对外直接投资的新特点

在2018年全球对外直接投资(outward foreign direct investment, OFDI)[①]流量受美国资金回流影响出现大幅负增长之后,2019年全球OFDI流量有所复苏反弹。2019年中国对外投资流量规模变化呈现小幅下滑趋势,主要受海外投资限制增加、中美经贸摩擦、全球贸易额下滑、国内加强对外投资监管等多重因素叠加影响。从全球来看,2019年

---

① 本章根据国家统计局定义,对外直接投资(OFDI)是指国(境)内投资者以控制国(境)外企业的经营管理权为核心的经济活动,体现在一经济体通过投资于另一经济体而实现其持久利益的目标。外商直接投资(FDI)是指外国投资者在本国境内通过设立外商投资企业、合伙企业,与本国投资者共同进行合作以及设立外国公司分支机构等方式进行投资。外国投资者可以用现金、实物、无形资产、股权等投资,还可以用从外商投资企业获得的利润进行再投资。

中国对外直接投资流量位居全球第四位,占世界比重约为8.9%,比2018年均有所回落。根据商务部统计,2019年中国企业在"一带一路"沿线国家的非金融类直接投资占同期总额的比重也进一步提升。

一、2019年中国对外直接投资流量超千亿美元

中国对外投资流量规模已经连续三年出现下降,从统计初值比较来看,2019年全行业直接投资额、非金融类直接投资额相比上年均有所回落,总体呈负增长趋势,但是规模仍超千亿美元。中国2019年对外投资持续减速主要受到海外投资限制增加、中美出现经贸摩擦、全球贸易额下滑、国内加强对外投资监管等多重因素叠加影响。① 根据中国商务部于2020年1月发布的简明统计数据,② 2019年间中国对外全行业直接投资

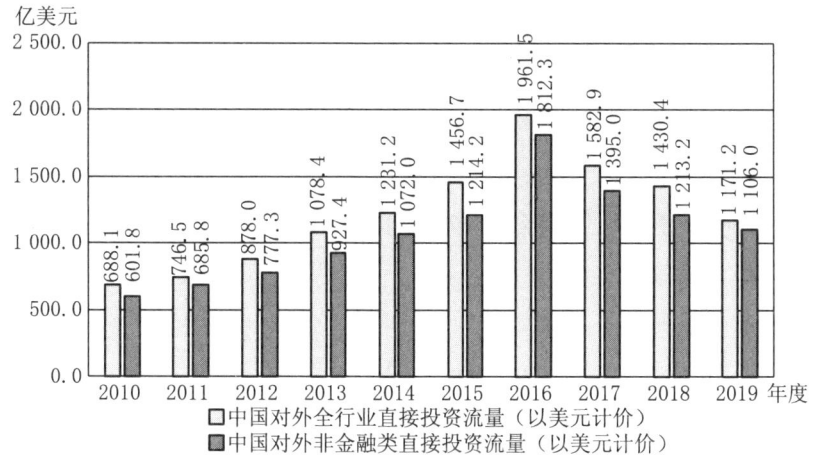

图1-1 中国对外直接投资流量变化趋势(2010—2019年)

- 数据说明:图中2010—2018年全行业直接投资流量数据来自商务部编制的《2019年中国对外投资发展报告》(2020年5月发布),非金融类直接投资流量主要采取全行业对外直接投资减去金融类对外直接投资,其中金融类直接投资额来自WIND数据库(原始数据也出自商务部);图中2019年数据均来自商务部于2020年1月发布的简明统计(为统计初值),可能与下半年《中国对外直接投资统计公报》中终值有所差异,因此与图中之前年份数据不可直接比较。

---

① 参见联合国贸发会议于2020年6月发布的《2020年世界投资报告》。
② 参见中国商务部官方网站"月度简明统计数据"栏目中2020年1月22日发布的《2019年中国对外全行业直接投资简明统计》,值得注意的是,简报里均为统计初值,与商务部历年下半年发布的《中国对外直接投资统计公报》最终值有所差异。

8 079.5亿元人民币(折合1 171.2亿美元),相比2018年同期下降6%。①其中,中国境内投资者共对全球167个国家(地区)6 535家境外企业进行了非金融类直接投资,累计金额7 629.7亿元人民币(折合1 106亿美元),同比下降4.3%。②

二、2019年中国对外直接投资流量位居全球第四

从全球表现来看,2019年全球对外直接投资流量相比上年出现较大幅度回升,扭转了2018年的负增长趋势,但是仍然低于2015年峰值,③总体表现偏弱。根据联合国贸发会议(UNCTAD)发布的《2020年世界投资报告》数据,2019年间全球OFDI流量为1.31万亿美元,相比2018年(0.99万亿美元)增长了约33%,④但相比2017年(1.6万亿美元)仍下降17.9%。从结构来看,2019年来全球自发达国家的OFDI有较大幅度提升(同比增长72%),⑤发达国家对外直接投资在全球占比也从2018年的54%提升至2019年的70%,发展中国家的对外直接投资则有小幅下滑(同比增长-10%)。

根据商务部《2019年中国对外投资发展报告》统计,2012—2018年中国对外投资流量已经连续七年位列全球前三位。2019年中国OFDI流量位居全球第四位(约1 170亿美元),⑥仅次于日本(2 270亿美元)、美国(1 250亿美元)、荷兰(1 250亿美元),相比2018年时(中国位列全球第二位)下滑了两个名次。⑦

---

① 以美元计价,中国对外全行业直接投资相比上年同期统计初值下降9.8%。
② 以美元计价,中国非金融类直接投资相比上年同期统计初值下降8.2%。
③ 根据UNCTAD测算,2015年全球OFDI总额为1.71万亿美元。
④ 与OFDI相比,全球FDI流量变化趋势也比较类似。2019年间全球FDI流量为1.54万亿美元,相比2018年(1.50万亿美元)增长了约3%,从FDI结构来看,全球对发达国家的直接投资出现较快增长(2019年同比增长约5%),对发展中国家的直接投资则出现小幅下滑(同比增长-2%)。
⑤ 这主要是由于2018年美国税改带来大量跨国公司利润回流,造成了大额负OFDI流量,这一现象在2019年消失,美国当年OFDI恢复了正值。
⑥ 从FDI角度来看,中国在2019年获得的外国直接投资约为1 410亿美元,位列全球第二名,仅次于美国的2 460亿美元,对全球投资者具有较强的吸引力。
⑦ 根据商务部《2019年中国对外投资发展报告》统计,2012—2018年中国对外投资流量已经连续七年位列全球前三位。

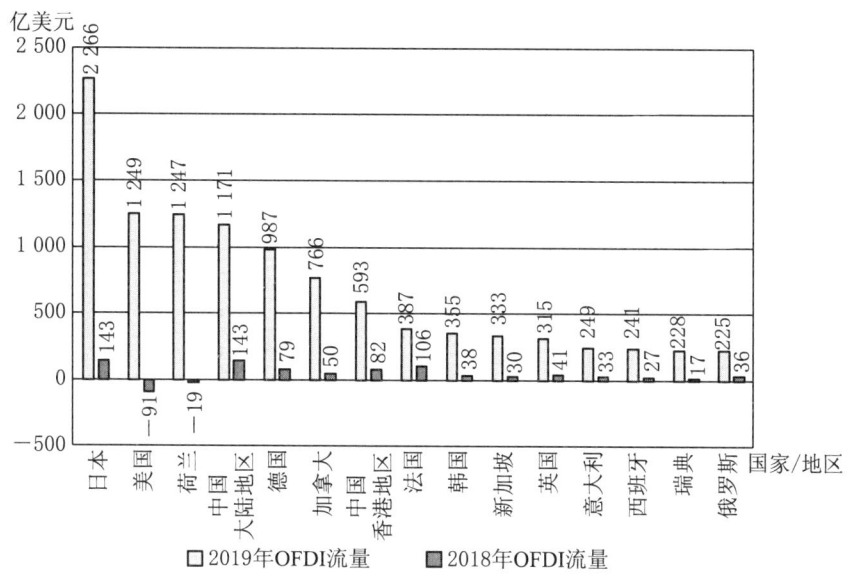

图 1-2　2019 年全球对外直接投资(OFDI)流量前十名国家/地区

• 数据说明:图中数据均来源于联合国贸发会议(UNCTAD)的《2020 年世界投资报告》(World Investment Report)①。其中值得注意的是,美国在 2018 年的大额负 OFDI 值主要是由于 2017 年开始的政府税制改革导致投资回流,这也带来当年全球对外直接投资总额负增长。

根据联合国贸发会议(UNCTAD)数据初步测算,②2019 年中国对外直接投资占世界比重为 8.91%,比 2018 年峰值(14.1%)有所回落,相比 2015—2018 年间平均水平(12.2%)略低,但高于 2011—2014 年平均水平(7.1%)。分析主要原因有两方面:一是 2017 年底美国税改,美国跨国企业在 2018 年上半年大幅撤回海外收益,直接导致美国对外投资规模从 2017 年的 3 003.4 亿美元(全球第一位)下滑至 2018 年的 −635.5 亿美元。因而 2018 年全球 OFDI 流量值位于近年低点。2019 年美国重新恢复对外直接投资,全球 OFDI 流量有所反弹。二是由于海外投资限制增加、国内监管增强、全球贸易下滑等多方面因素,2019 年

---

① 报告发布于 2020 年 6 月,全文可参见联合国贸发会议官方网站,https://unctad.org/en/pages/PublicationWebflyer.aspx?publicationid=2769。
② 参见《2020 年世界投资报告》附录表 1,该比重为作者自行采用中国 OFDI 流量数据除以全球 OFDI 流量数据计算所得。

中国对外投资流量相比 2018 年有所减少。

图 1-3　中国对外直接投资流量占全球比重(2011—2019 年)

- 数据说明:图中 2011—2018 年中国 OFDI 流量和比重均来源于商务部《2019 年中国对外投资发展报告》,2019 年流量数据来源于联合国贸发会议(UNCTAD)的《2020 年世界投资报告》附录,比重为作者自行测算。

三、2019 年中国对外直接投资存量持续增长

近年来中国对外直接投资存量持续增长。据联合国贸发会议统计,中国对外投资存量从 2010 年时的 3 172.1 亿美元提升至 2019 年的 20 994 亿美元,占全球存量比重也从 2010 年时的 1.5% 提升至 6.1%,

表 1-1　中国对外直接投资存量占全球比重(2010—2019 年)

年份	全球对外直接投资存量 (万亿美元)	中国对外直接投资存量 (亿美元)	中国占全球比重 (%)	全球位次
2000	7.4	277.7	0.4	—
2010	20.5	3 172.1	1.5	17
2016	26.2	13 573.9	5.2	6
2017	30.8	18 090.4	5.9	2
2018	31.0	19 822.7	6.4	3
2019	34.6	20 994.0	6.1	—

- 数据说明:表中 2000 年、2010 年、2019 年世界和中国 OFDI 存量数据均来源于联合国贸发会议(UNCTAD)的《2020 年世界投资报告》附录,中国占比为作者自行计算;表中 2016—2018 年存量和占比数据均来源于商务部《2019 年中国对外投资发展报告》。

与2018年比重大致持平。从全球比较来看,中国的对外直接投资存量水平已经超越日本,但仍低于美国和荷兰。根据《2020年世界投资报告》统计,2019年美国对外直接投资存量为77 217.1亿美元、荷兰为25 652.9亿美元、日本为18 181.4亿美元。

四、2019年中国对"一带一路"沿线国家投资比重提升

根据商务部历年《中国对外直接投资统计公报》数据,2010—2018年中国对外直接投资流量按大洲分类情况如表1-2所示。从各大洲分布趋势来看,近年来中国对亚洲地区的投资占比最高,基本在60%—75%;其次是拉丁美洲、欧洲和北美洲,对非洲和大洋洲投资比重相对较低。

表1-2 中国对外直接投资流量地区构成情况(2010—2018年)

年份	2010	2011	2012	2013	2014	2015	2016	2017	2018
流量总计(亿美元)	688.1	746.5	878.0	1 078.4	1 231.1	1 456.6	1 961.5	1 582.9	1 430.3
亚洲比重	65.3%	60.9%	73.8%	70.1%	69.0%	74.4%	66.4%	69.5%	73.8%
非洲比重	3.1%	4.3%	2.9%	3.2%	2.6%	2.0%	1.2%	2.6%	3.8%
欧洲比重	9.8%	11.1%	8.0%	5.5%	8.8%	4.9%	5.4%	11.7%	4.6%
拉丁美洲比重	15.3%	16.0%	7.0%	13.3%	8.6%	8.6%	13.9%	8.9%	10.2%
北美洲比重	3.8%	3.3%	5.6%	4.5%	7.5%	7.4%	10.4%	4.1%	6.1%
大洋洲比重	2.7%	4.4%	2.7%	3.4%	3.5%	2.7%	2.7%	3.2%	1.5%

• 数据来源:2010—2018年商务部《中国对外直接投资统计公报》。

根据商务部统计,2019年中国企业在"一带一路"沿线对56个国家非金融类直接投资150.4亿美元,相比2018年同期下降3.8%,占同期中国非金融类对外投资总额的13.6%,相比2018年比重增长0.6个百分点,相比2017年增长了1.6个百分点。2019年中国对"一带一路"沿线地区投资主要以新加坡、越南、老挝、印度尼西亚、巴基斯坦、泰国、马来西亚、阿联酋、柬埔寨和哈萨克斯坦等国家为主。

表 1-3　中国对"一带一路"沿线国家投资合作情况(2015—2019 年)

年　份	中国非金融类对外直接投资总额(亿美元)	中国对"一带一路"沿线地区非金融类直接投资额(亿美元)	占比(%)
2015 年	1 180.2	148.2	12.5
2016 年	1 701.1	145.3	8.5
2017 年	1 200.8	143.6	12.0
2018 年	1 205.0	156.4	13.0
2019 年	1 106.0	150.4	13.6

• 数据说明:表格数据均来源于中国商务部网站,其中历年非金融类对外直接投资数据来自商务部网站 2020 年 1 月发布的上年简明统计。[1]此外 2015 年简中并未说明口径是否为非金融类,可能与后面年份统计口径不完全可比。

由于 2019 年中国分具体国别的对外投资官方统计数据尚未公布,[2]本报告主要采用美国企业研究所(American Enterprise Institute)整理的"中国企业全球投资数据库"(CGIT)微观数据进行分析。[3]根据表 1-4 中汇总结果,从 2015—2019 年间的较长时期来看,中国对外投资

表 1-4　中国对外投资目的地前十位国家和地区　　　　(亿美元)

排行	2019 年 名称	投资额	2005—2019 年 名称	投资额	2010—2019 年 名称	投资额	2015—2019 年 名称	投资额
1	德 国	55.3	美 国	1 817.5	美 国	1 598.8	美 国	1 066.9
2	芬 兰	54.2	澳大利亚	986	英 国	753.3	英 国	531.5
3	印 度	46.6	英 国	832.9	澳大利亚	700.9	瑞 士	530.2
4	俄罗斯	44.8	瑞 士	617.2	巴 西	594.2	德 国	395.7
5	法 国	40.8	巴 西	603.2	瑞 士	543.9	巴 西	302.1
6	秘 鲁	39.3	加拿大	568	加拿大	530.4	澳大利亚	295.9
7	巴 西	39.3	德 国	471.4	德 国	467.3	新加坡	255.9
8	印度尼西亚	34.8	新加坡	362	新加坡	283.9	法 国	155.2
9	美 国	31.9	俄罗斯	338.6	俄罗斯	276.7	印度尼西亚	153.6
10	柬埔寨	31.4	法 国	282.3	法 国	238.6	加拿大	148.9

• 数据说明:根据美国企业研究所 CGIT 数据库(2020 年春季更新)微观数据整理,仅包含 1 亿美元以上的中国对外直接投资交易,与中国商务部官方统计口径存在差异,并不完全可比。

---

[1] 与每年 9 月《对外直接投资统计公报》公布的调整后终值有差异。
[2] 具体中国对外直接投资地区结构数据以商务部在 2020 年下半年发布的 2019 年《中国对外直接投资统计公报》为准,本报告分析仅供参考。
[3] 该数据库统计了超过 1 亿美元的中国对外直接投资交易记录,为全样本口径,本报告分析基于 2020 年春季最新更新版本完成。

主要投往欧美发达国家如美国、英国、瑞士、德国。从 2019 年来看,中国对外直接投资流量中前三位的目的地国家(地区)为德国、芬兰、印度,对拉丁美洲和亚洲国家(如秘鲁、巴西、柬埔寨等)的投资明显增长,对美国投资额仅位居当年第 9 位,下滑明显。

五、2019 年中国对外投资行业中租赁和融资商业服务业占比最高

根据商务部已经发布的《中国对外直接投资统计公报》数据,可以汇总 2016—2018 年中国对外直接投资按行业分类大体如表 1-5 所示。从平均行业分布比重来看,近年来中国对外直接投资主要流向"租赁和

表 1-5　中国对外直接投资流量行业分布特征(2016—2018 年)

行业占比	2016 年比重(%)	2017 年比重(%)	2018 年比重(%)
租赁和融资商务服务业	33.5	34.3	35.5
金融业	7.6	11.9	15.2
制造业	14.8	18.6	13.4
批发和零售业	10.7	16.6	8.6
信息传输、软件和信息技术服务业	9.5	2.8	3.9
交通运输、仓储和邮政业	0.9	3.4	3.6
电力、热力、燃气及水的生产和供应业	1.8	1.5	3.3
采矿业	1.0	−2.3	3.2
科学研究和技术服务业	2.2	1.5	2.7
建筑业	2.2	4.1	2.5
房地产业	7.8	4.3	2.1
农林牧渔业	1.7	1.6	1.8
居民服务、修理和其他服务业	2.8	1.2	1.6
住宿和餐饮业	0.8	−0.1	0.9
文化、体育和娱乐业	2.0	0.2	0.8
教育	0.1	0.1	0.4
卫生和社会工作	0.2	0.2	0.4
水利、环境和公共设施管理业	0.4	0.1	0.1

• 数据来源:2016—2018 年商务部《中国对外直接投资统计公报》。

融资商务服务业"(占比约为 1/3)、金融业和制造业。从分布变化趋势来看,近三年来房地产业、信息传输软件和信息技术服务业、文化体育和娱乐业等行业的占比下滑幅度较大,行业比重提升较快的则包括金融业、交通运输仓储和邮政业、电力热力燃气及水的生产和供应业等行业。

由于 2019 年《中国对外直接投资统计公报》中的官方行业数据尚未公布,本小节同样采用美国企业研究所的"中国企业全球投资数据库"数据进行分析。①根据表 1-6 中汇总结果,从 2005—2019 年的长期行业分布来看,中国对外直接投资主要以能源、金属、交通和农业、房地产等行业为主。从 2019 年数据来看,能源、交通、金属依旧排行前列,其中娱乐业位次出现提升,房地产业则下滑较快,在 2019 年所有行业中仅位居 11 位。

表 1-6　中国对外投资行业分布情况　　　　　　　(亿美元)

排行	2019 年		2005—2019 年		2010—2019 年		2015—2019 年	
	行业	投资额	行业	投资额	行业	投资额	行业	投资额
1	能源	241.3	能源	3 949.6	能源	3 192.7	能源	1 396.5
2	交通	156.8	金属	1 477.2	交通	1 212	交通	987.8
3	娱乐	97.4	交通	1 295.7	金属	997.5	农业	574.3
4	金属	78.2	房地产	1046.7	房地产	979.5	房地产	548.3
5	其他	49.9	农业	834.5	农业	822.6	科技	463.8
6	科技	33	金融	815.7	科技	590	娱乐	461.7
7	农业	24.2	科技	627	金融	543.5	金属	415.4
8	健康	22.7	娱乐	523	娱乐	523	其他	389.7
9	旅游	19.7	其他	468.9	其他	463	金融	387.3
10	金融	19	旅游	440.1	旅游	422.5	物流	335.6
11	房地产	17.5	物流	370.6	物流	369.1	旅游	319.8
12	物流	11	健康	224.4	健康	220.8	健康	192.2
13	化学	2.7	化学	126.1	化学	117.3	化学	44.6
14	—	—	公共事业	56.6	公共事业	56.6	公共事业	36.4

• 数据说明:根据美国企业研究所 CGIT 数据库(2020 年春季更新)微观数据整理,仅包含 1 亿美元以上的中国对外直接投资交易,与中国商务部官方统计口径存在差异,并不完全可比。

① 该数据库统计了超过 1 亿美元的中国对外直接投资交易记录,为全样本口径,本报告分析基于 2020 年春季最新更新版本完成。

六、2019年中国对外投资主体中民营企业比重稳定

从投资主体来看,2019年中国对外直接投资中民营企业占比约为31.9%,与前两年的占比水平大致相当(2017年为30.6%、2018年为36.8%),不及2016年的峰值(46.3%),这主要是由于2016年起中国逐步加强和完善对外投资的监管。未来民营资本将在中国对外投资中发挥更大作用。

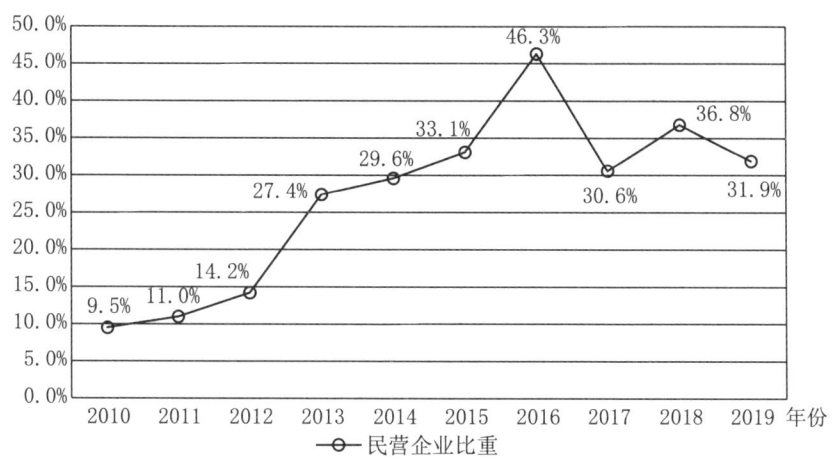

图1-4 中国对外直接投资中民营企业占比(2010—2019年)

• 数据说明:源于美国企业研究所(AEI)研究报告"China's Global Investment in 2019", 2020年1月发布。

第二节 中国对外投资相关政策法规发展历程与最新变化

根据商务部定义,[①]对外投资是指在中华人民共和国境内依法设立的企业通过新设、并购及其他方式在境外拥有企业或取得既有企业所有权、控制权、经营管理权及其他权益的行为。与发达国家相比,中国政

---

① 参见商务部合作司网站,http://fec.mofcom.gov.cn/article/ywzn/ywznn/article10.shtml。

府在对外投资当中扮演着极为重要的角色,并成为中国 OFDI 最具特色的一面。[1]当前,中国对境外投资的管理体系仍在不断建设和完善当中。

一、坚持"引进来"和"走出去"并重

根据柯明佳[2]对中国对外投资发展历程的总结:随着 2001 年中国加入世贸组织,"走出去"被正式写入当年《国民经济和社会发展第十个五年计划纲要》,成为国家层面思想;2002 年中共十六大报告中更明确了"走出去"和"引进来"相结合的发展方向,体现政府对企业对外投资态度从早期的"允许"转向政策性鼓励,一方面是鼓励国内有比较优势的企业展开跨国经营,另一方面中国政府拟在金融、法律、外汇、人才等众多领域加强服务搭好平台。此后十来年间,中国对外投资规模迅速增长,人民币汇改、外汇管理逐步放松等改革也为对外投资提供了便利。到 2013 年"一带一路"倡议提出时,中国对外投资流量已经突破了千亿美元,还在历史上是第一次。

随着规模不断增长,涉及的地区行业不断增加,中国在扩大对外投资的过程中也出现一些风险和问题,如投资集中度较高,部分行业过热,国内投资主体地区分布不均等。[3]2016 年起政府部门开始通过政策进行调整和指导,中国对外投资开始进入深化期,不再强调数量扩张,而转向优化投资结构。中国对外投资逐步趋向合理配置、高质量增长的轨迹。在中共十九大报告中,中国政府再次强调要坚持"引进来"和"走出去"并重,以"一带一路"建设为重点,推动形成全面开放新格局。中国坚持扩大对外开放的决心没有变化,积极主动应对当前面临的国内外多重挑战。未来中国对外投资将持续向好发展。

---

[1] 刘敏,黄亮雄,朱亚鹏.政府介入与中国企业对外直接投资[J].学术研究,2020(07):101—107,177—178.
[2] 杨波,柯佳明.新中国 70 年对外投资发展历程回顾与展望[J].世界经济研究,2019(09):3—15,134.
[3] 郭凌威,卢进勇,郭思文.改革开放四十年中国对外直接投资回顾与展望[J].亚太经济,2018(04):111—121,152.

二、中国逐步完善对外投资相关制度

(一) 管理体制

改革开放以来,中国对外投资管理体制经历了由审批制到核准制①,再到备案制的转换过程。②③从 2014 年下半年开始,商务部和发改委简化审批流程,由之前的"核准为主"转变为"备案为主、核准为辅"的管理模式,④⑤引入了负面清单的管理理念,除在敏感国家和地区、敏感行业的投资实行核准管理外,其余均实行备案制。⑥

从 2018—2019 年最新政策法规来看,政府更加强调对项目的事中事后监管,监管更加规范合理。详细条款如 2018 年 1 月发改委发布的《企业投资项目事中事后监督办法》、2019 年 7 月商务部新发布的《对外投资备案(核准)报告实施规程》等。

表 1-7 与对外投资管理体系相关的部分政策法规

时　间	发布单位	文　件　名　称
2004 年 7 月	国务院	《国务院关于投资体制改革的决定》
2004 年 7 月	国务院	《政府核准的投资项目目录》
2004 年 10 月	商务部	《商务部关于境外投资开办企业核准事项的规定》
2004 年 10 月	发改委	《境外投资项目核准暂行管理办法》
2005 年 11 月	商务部	《境外投资开办企业核准工作细则》
2006 年 10 月	国务院	《关于鼓励和规范中国企业对外投资合作的意见》
2008 年 6 月	商务部、外交部、国资委	《关于进一步规范中国企业对外投资合作的通知》
2009 年 3 月	商务部	《境外投资管理办法》
2012 年 3 月	国资委	《中央企业境外投资监督管理暂行办法》

---

① 根据李平和徐登峰(2008),20 世纪 80—90 年代对外投资以审批制为主,管理严格、限制较多。从 2003 年起,商务部和国务院先后发布《关于做好境外投资审批试点工作有关问题的通知》《关于投资体制改革的决定》等文件,开始简化对外投资管理程序,不再采用审批制,而是根据不同情况采用核准制与备案制。
②⑤ 郭凌威,卢进勇,郭思文.改革开放四十年中国对外直接投资回顾与展望[J].亚太经济,2018(04):111—121,152.
③ 李平,徐登峰."走出去"战略:制度形成与改革展望[J].国际经济合作,2008(05):4—8.
④ 杨波,柯佳明.新中国 70 年对外投资发展历程回顾与展望[J].世界经济研究,2019(09):3—15,134.
⑥ 参见商务部合作司网站,http://fec.mofcom.gov.cn/article/ywzn/ywznn/article10.shtml。

(续表)

时　　间	发布单位	文　件　名　称
2014 年 4 月	发改委	《境外投资项目核准和备案管理办法》
2014 年 10 月	商务部	《境外投资管理办法》新修订
2017 年 1 月	国资委	《中央企业境外投资监督管理办法》
2017 年 12 月	发改委	《企业境外投资管理办法》
2018 年 1 月	发改委	《企业投资项目事中事后监督办法》
2018 年 1 月	商务部等	《对外投资备案(核准)报告暂行办法》
2018 年 7 月	国资委	《中央企业违规经营投资责任追究实施办法(试行)》
2019 年 7 月	商务部	《对外投资备案(核准)报告实施规程》

• 资料来源：郭凌威等(2018)、政府网站公开信息。

(二) 投资方向

从对外投资行业来看，2017 年国家发改委、商务部、人民银行和外交部联合发布《关于进一步引导和规范境外投资方向的指导意见》的通知，发布了鼓励、限制和禁止开展的投资类型。其中鼓励类的对外投资包括有利于"一带一路"建设和互联互通等基础设施类的投资，带动优势产能优质装备和技术标准输出的境外投资等几个方向；限制类的对外投资包括敏感国家和地区以及对房地产、酒店、影城、娱乐业、体育俱乐部等行业的投资。2018 年国家发改委发布的《境外投资敏感行业目录》也重申了受限制行业。

表 1-8　与对外投资方向相关的部分政策法规

时　　间	发布单位	文　件　名　称
2004 年 7 月	商务部、外交部	《对外投资国别产业导向目录(一)》
2005 年 10 月	商务部、外交部	《对外投资国别产业导向目录(二)》
2005 年 1 月	商务部、外交部	《对外投资国别产业导向目录(三)》
2011 年 8 月	商务部、发改委、外交部	《对外投资国别产业指引(2011 版)》
2015 年 3 月	发改委、外交部、商务部	《推动共建丝绸之路经济带和 21 世纪海上丝绸之路的愿景与行动》
2017 年 8 月	发改委、商务部、人民银行、外交部	《关于进一步引导和规范境外投资方向的指导意见》
2018 年 3 月	发改委	《境外投资敏感行业目录》

• 资料来源：郭凌威等(2018)、政府网站公开信息。

（三）外汇和人民币结算

中国外汇管理制度经历了由严格审批向开放化、便利化和规范化的发展阶段（郭凌威等，2018）。其中 2006 年外管局发布的《关于调整部分境外投资外汇管理政策的通知》是重要转换节点，取消了对各外汇管理部的核定境外投资购汇额度，放开了企业购汇额度限制。此后在 2009 年、2012 年、2015 年等年度外管局持续发布了境外直接投资相关外汇管理政策，特别是在"一带一路"倡议提出以来，积极提升贸易和投资便利化水平，服务跨境对外直接投资企业的需要。

此外，央行从 2011 年起在全国推行跨境直接投资领域的人民币结算业务试点，逐步提升人民币在国际贸易和投资当中的作用。根据央行《2019 年人民币国际化报告》数据，2018 年对外直接投资人民币跨境收付金额 8 048 亿元，同比增长 76.2%。

表 1-9　与对外投资相关的外汇和人民币结算政策法规

时　间	发布单位	文　件　名　称
1989 年 3 月	国家外汇管理局	《境外投资外汇管理办法》
1990 年 6 月	国家外汇管理局	《境外投资外汇管理办法细则》
2006 年 6 月	国家外汇管理局	《关于调整部分境外投资外汇管理政策的通知》
2009 年 7 月	国家外汇管理局	《境内机构境外直接投资外汇管理规定》
2011 年 1 月	中国人民银行	《境外直接投资人民币结算试点管理办法》
2012 年 6 月	国家外汇管理局	《关于鼓励和引导民间投资健康发展有关外汇管理问题的通知》
2012 年 11 月	国家外汇管理局	《关于进一步简化和改进直接投资外汇管理政策的通知》
2015 年 2 月	国家外汇管理局	《关于进一步简化和改进直接投资外汇管理政策的通知》（修改版）

• 资料来源：根据政府网站公开信息整理。[①]

（四）金融支持与财税政策

长期以来，中国财政部、发改委、国家税务总局等部门通过一系列政

[①] 其中国家外汇管理局相关政策可以参见官方网站中政策法规—资本项目外汇管理—跨境直接投资栏目，http://www.safe.gov.cn/safe/kjzjtz/index.html。

策,持续为中国企业境外投资提供融资支持,完善跨境经营相关税收政策。2019年相关政策有税务总局发布的《关于哈萨克斯坦超额利润税税收抵免有关问题的公告》,针对部分"走出去"企业面临的实际问题予以解决。①为应对2020年新冠疫情冲击,商务部牵头汇总受影响的境外

表1-10 与对外投资相关的金融与财税政策法规

时 间	发布单位	文 件 名 称
2004年10月	发改委、中国进出口银行	《关于对国家鼓励的境外投资重点项目给予信贷支持有关问题的通知》
2005年9月	发改委、国家开发银行	《关于进一步加强对境外投资重点项目融资支持有关问题的通知》
2005年12月	财政部、商务部	《对外经济技术合作专项资金管理办法》
2007年3月	国家税务总局	《国家税务总局关于做好中国企业境外投资税收服务与管理工作的意见》
2009年12月	财政部、国家税务总局	《关于企业境外所得税收抵免有关问题的通知》
2010年7月	国家税务总局	《国家税务总局关于发布〈企业境外所得税收抵免操作指南〉的公告》
2011年5月	财政部、国家税务总局	《财政部、国家税务总局关于高新技术企业境外所得适用税率及税收抵免问题的通知》
2014年6月	国家税务总局	《国家税务总局关于居民企业报告境外投资和所得信息有关问题的公告》
2017年12月	财政部、国家税务总局	《关于完善企业境外所得税收抵免政策问题的通知》
2018年4月	发改委、财政部、商务部、人民银行、银保监会、证监会	《关于引导对外投融资基金健康发展的意见》
2018年6月	财政部、税务总局	《关于企业委托境外研究开发费用税前加计扣除有关政策问题的通知》
2019年1月	国家税务总局	《关于哈萨克斯坦超额利润税税收抵免有关问题的公告》
2020年1月	财政部、国家税务总局	《关于境外所得有关个人所得税政策的公告》
2020年2月	商务部、国家开发银行	《关于应对新冠肺炎疫情发挥开发性金融作用支持高质量共建"一带一路"的工作通知》

• 资料来源:郭凌威等(2018)、《2019年中国对外投资发展报告》、政府网站公开信息。②

① 通知明确了企业在哈萨克斯坦缴纳的超额利润税,属于企业在境外缴纳的企业所得税性质的税款,应按规定纳入可抵免境外所得税额范围,计算境外税收抵免。
② 可在商务部公共商务信息服务平台中查询,www.fdi.gov.cn。

项目与企业信息,并将融资需求转发国开行,在市场化前提下为符合条件企业提供金融支持,尤其是有利于高质量建设"一带一路"的项目。

(五)企业经营管理

近年来,商务部等部门发布了有关对外投资相关的环保、劳务、风险防范、信用建设等多个领域的规范文件,积极引导境外企业守法合规经营,强化道德规范,履行社会责任,加强与当地利益文化融合,实现互利共赢。[1]

表 1-11　对外投资规范管理相关政策法规

时间	发布单位	文件名称
2002 年 3 月	对外贸易经济合作部	《关于成立境外中资企业商会(协会)的暂行规定》
2010 年 8 月	商务部、外交部、发改委、公安部等 7 部门	《境外中资企业机构和人员安全管理规定》
2011 年 3 月	商务部、外交部、国资委、全国工商联	《境外中资企业(机构)员工管理指引》
2012 年 4 月	商务部、中央外宣办、外交部、发展改革委、国资委、国家预防腐败局、全国工商联	《中国境外企业文化建设若干意见》
2013 年 2 月	商务部、环境保护部	《关于印发〈对外投资合作环境保护指南〉的通知》
2013 年 8 月	商务部	《境外中资企业商(协)会建设指引》
2013 年 9 月	商务部	《规范对外投资合作领域竞争行为的规定》
2013 年 10 月	国资委	《关于加强中央企业国际化经营中法律风险防范的指导意见》
2014 年 2 月	商务部	《境外企业知识产权指南(试行)》
2015 年 4 月	商务部	《关于进一步做好对外投资合作企业环境保护工作的通知》
2017 年 10 月	发改委、人民银行、商务部和外交部等 28 个部门	《关于加强对外经济合作领域信用体系建设的指导意见》
2017 年 10 月	发改委、人民银行、商务部和外交部等 28 个部门	《关于对对外经济合作领域严重失信主体开展联合惩戒的合作备忘录》
2017 年 12 月	发改委、商务部、人民银行、外交部、全国工商联	《民营企业境外投资经营行为规范》
2018 年 11 月	国资委	《中央企业合规管理指引(试行)》
2018 年 12 月	外交部、商务部、人民银行、国资委、外汇局、全国工商联	《企业境外经营合规管理指引》

• 资料来源:郭凌威等(2018)、政府网站公开信息。

---

[1] 参见商务部合作司网站,http://fec.mofcom.gov.cn/article/ywzn/ywznn/article10.shtml。

第三节　新冠疫情对中国对外投资的影响

受疫情因素冲击,全球经济增长面临较大的下行压力,国际机构预测 2020 年全球将出现负增长。这也对跨国投资造成冲击,联合国贸发会议预测 2020 年全球投资下滑幅度可能达到 40%,2021 年可能进一步扩大 5%—10%。此外,为应对疫情冲击,2020 年发达经济体加强了投资审查,投资保护主义在全球范围内出现抬头,全球跨境投资面临诸多挑战。

一、新冠疫情使全球经济面临衰退

2020 年上半年新冠肺炎疫情在全球暴发,在短短几个月蔓延到几乎所有国家,根据联合国引用的统计数据,截至 2020 年 4 月已经造成超过 20 万人死亡,[①]在当前尚无疫苗和特效药物的大背景下,政府只能采取减少跨国人员流动、居民社交隔离等被动措施来应对疫情、抑制传播,这将造成消费下滑、生产中断、经济衰退等压力,未来疫情可能持续的时间和影响程度更是难以预计。

根据 2020 年以来国际机构发布的预测数据来看,普遍认为 2020 年全球经济将陷入负增长,到 2021 年有所恢复。其中较为悲观的是 OECD 和世界银行,分别预测 2020 年全球经济将增长 −6.0%、−5.2%;经济学人智库、IMF 和联合国则较为乐观,预测值在 −2.5% 到 −3.2% 之间。其中,由于中国新冠疫情基本得到控制,OECD 之外的绝大多数机构认为 2020 年中国经济能保持正增长,增速在 1.0%—1.7% 之间。

---

① 参见联合国于 2020 年 5 月发布的最新报告 *World Economic Situation and Prospects as of mid-2020*。

表 1-12 国际机构对全球和中国经济增长的预测

预测机构	中国经济增长			全球经济增长		
	2019 年	2020 年	2021 年	2019 年	2020 年	2021 年
世界银行	6.0%	1.0%	6.9%	2.4%	−5.2%	4.2%
IMF	6.1%	1.2%	9.2%	2.9%	−3.0%	5.8%
OECD	6.2%	−2.6%	6.8%	2.9%	−6.0%	5.2%
联合国	6.1%	1.7%	7.6%	2.6%	−3.2%	4.2%
经济学人智库(EIU)	6.1%	1.0%	8.4%	2.2%	−2.5%	3.0%

- 数据来源:世界银行预测来源于 2020 年 6 月最新发布的 *Global Economic Prospects*；IMF 来源于 2020 年 4 月更新的 *World Economic Outlook*；OECD 预测来源于 WIND 数据库 2020 年 6 月更新；联合国预测来源于 2020 年 5 月发布最新报告 *World Economic Situation and Prospects as of mid-2020*；经济学人智库(EIU)来源于智库官方网站 2020 年 5 月更新。

二、2020 年全球投资预计将大幅下滑

受国内经济压力、疫情防治举措等因素影响,各经济体间投资保护主义抬头、逆全球化程度愈发加重,全球的跨境投资都面临严峻挑战。联合国贸发会议在《2020 年世界投资报告》中新增一个章节来分析新冠疫情对世界投资的影响,他们认为新冠肺炎(COVID-19)将导致未来全球跨国直接投资大幅下滑,并且持续时间难以预计。如果根据这一推算,2020 年全球 FDI 流量规模将降至 1 万亿美元以下,尚属 2005 年以来的首次。

联合国贸发会议(2020)认为新冠疫情对于全球跨境直接投资的影响同时涉及供给、需求和政策三方面:关闭国界使得已有的投资项目放

表 1-13 联合国贸发会议对全球 2020 年 FDI 流量的预测(2020 年 6 月更新)

范 围	FDI 流量(十亿美元)			FDI 增长率(%)		
	2018 年	2019 年	2020 年	2018 年	2019 年	2020 年
全 球	1 495	1 540	920 到 1 080	−12	3	−40 到 −30
发达经济体	761	800	480 到 600	−20	5	−40 到 −25
发展中经济体	699	685	380 到 480	0	−2	−45 到 −30
转型经济体	35	55	30 到 40	−31	59	−45 到 −30

- 数据来源:联合国贸发会议《2020 年世界投资报告》。

缓,经济停滞使得跨国公司减少新项目投资,而在疫情期间多国政府进一步抬高了对海外投资的限制,这些都将带来不利影响,并且可能是长期的。

三、新冠疫情中投资保护主义抬头

近年来,全球投资保护主义屡有抬头。在此次疫情暴发后,许多政府出台了更严格的投资限制和审查条款,主要目的在于保护医疗卫生等防疫资源生产以及防止本国重要企业在危机冲击下被低价出售。根据葛顺奇的梳理,条款主要由欧盟成员国以及美、日、澳等发达国家制定,普遍增强了对外资的安全审查力度,如涉及行业更广、需审查的投资金额或股权比重扩大、审查时间更长等。

表 1-14 疫情暴发后 FDI 审查政策的变化

国家/地区	时间	来源	主要内容
西班牙	2020 年 3 月	第 8/2020 号皇家法令;第 11/2020 号皇家法令	所有来自欧盟以外的外国投资者收购"影响公共秩序、公共安全和公共卫生"领域的西班牙公司 10% 及以上股份或有效控制权,需获得政府事前审批
欧 盟	2020 年 3 月	《有关外商直接投资和资本自由流动、保护欧盟战略性资产收购指南》	呼吁没有外资审查机制的成员国尽快建立该机制。呼吁成员国加强外资安全审查,特别是在公共卫生、制药、医疗或者防护设备生产、医学研究、生物技术和基础设施领域
澳大利亚	2020 年 3 月	对外国投资审查框架的临时变更政策	将所有外国收购的审批金额门槛降低至零,审查期限从 30 天延长至 6 个月
美 国	2020 年 4 月	美国总统行政命令	宣布美国成立通信服务业外国参与审查委员会,加强电信业的外国投资审查
意大利	2020 年 4 月	意大利内阁批准的在战略领域扩大特别权力的计划	宣布战略领域的外国投资需获得事前批准,其他欧盟成员国实体收购意大利企业也需要接受审查
印 度	2020 年 4 月	印度商工部 2020 年第 3 号新闻稿	对所有来自接壤国家的 FDI 进行审查
加拿大	2020 年 4 月	关于外资审查和COVID-19 的政策申明	在公共卫生和关键产品或服务供应领域,无论 FDI 价值多少均需要接受审查
法 国	2020 年 4 月	经济和财政部应对COVID-19 的外资审查制度修正案	扩展外资安全审查机制,将生物技术长期纳入该领域,临时降低外资收购的审查门槛

(续表)

国家/地区	时　间	来　源	主要内容
日　本	2020年5月	《外汇和对外贸易法》修正案	外国投资者在获取武器、核能、半导体、铁路和其他领域相关业务的日本上市公司1%或以上股权之前需要事先得到政府批准
德　国	2020年5月	《对外贸易条例》修正案	在疫苗、药品、医疗防护等领域，外国收购德国公司10%以上股份，需要得到政府批准
匈牙利	2020年5月	第227、2020政府法令	设立临时外国投资审查机制，在2020年12月底前在21个行业的外国投资者需要政府事前审批

• 数据来源：葛顺奇,陈江滢.中国企业对外直接投资面对疫情危机新挑战[J].国际经济合作,2020(04):21—36。

四、新冠疫情对中国对外投资的影响

2020年初的新冠疫情将重创全球经济和世界秩序，使中国对外投资面临更严峻的挑战。

一方面是海外投资环境恶化，在疫情造成的经济增长压力下，世界范围内的投资保护主义、经贸摩擦争端都在持续升温，以美国为首的部分国家可能会对中国对外投资和境外中资企业进行不合理限制和不公平制裁，导致中国境外投资企业的正常生产经营活动受到严重负面影响（葛顺奇,2020），如近期美国商务部将多家中国高科技企业列入"实体清单"等，影响企业"走出去"。

另一方面是国内企业海外投资需求下滑。尽管中国在新冠疫情防控方面成绩斐然，国内已经全面复产复工，经济平稳有序恢复，2020年第二季度经济也重回正增长（季度同比增长3.2%），但是受疫情带来消费需求下降，外贸订单减少，大宗商品价格下滑等多方因素影响，2020年中国全年经济增速仍然承压。世界银行、IMF、联合国等在最新发布的报告中对2020年中国经济增长率的预测分别为1.0%、1.2%、1.7%，相比2019年的6.1%有较大下降。国内企业盈利情况有所恶化，这将导致可用于投资的自有资金减少，企业杠杆投资的空间也受到压缩,导致企业海外投资步伐放缓。①

因此中国需要在政策上更加开放:一方面短期内通过金融、财税等政策助力"走出去"企业平稳应对疫情冲击,如2020年2月商务部、国家开发银行发布的《关于应对新冠肺炎疫情发挥开发性金融作用支持高质量共建"一带一路"的工作通知》,积极为企业排忧解难,为优质企业提供信贷支持;另一方面国内各相关部门需要通力合作,持续深化改革,在外汇管理、人民币跨境支付、风险防范、事中事后监管等多方面发力,提升中国企业对外投资积极性和便利性,在全球范围内优化资源配置,与东道国互利共赢,共同发展。

---

① 邬琼.当前中国对外投资回顾和2020年展望[J].中国经贸导刊(中),2020(03):14—16.

第二章
2019年国际投资环境变化趋势

本章主要围绕营商环境、投资政策和疫情应对三小节来展开分析。从营商环境来看,近年来中国营商环境明显提升,从2014年的全球第90位提升至2019年的全球第31位,属于历史最好水平。国内通过各项改革在提升企业经营便利度方面取得了相当好的效果,具有国际竞争力。但是在信贷可得性、税收负担等领域仍然有较大提升空间。从中国"走出去"面临的投资环境来看,近年来越来越多的发达国家对外资安全性表示担忧,安全审查逐渐趋严;发展中国家仍然以促进类外资政策为主,以吸引外商投资进入。对于新冠疫情,各国政府也积极采取应对举措,包括在医药等领域加强投资审查和积极的投资促进政策等。

第一节 2019年全球营商环境变化概述

世界银行从2003年开始发布的《营商环境报告》(*Doing Business*)是当前全球营商环境领域最具权威性和影响力的评价指标体系,2020年时指标已经扩展到12个具体商业环节。[①]本章主要引用的2020年《营商环境报告》评价时间段为2018年5月至2019年5月,共涉及全球190个经济体。世界银行一般会选择经济体中最大的商业城市来代表整个经济体水平,但是对于包括中国在内的11个人口超过1亿的经济

[①] 包括开办企业、劳动力市场监管、办理施工许可、获得电力、登记财产、获得信贷、保护少数投资者、纳税、跨境贸易、政府合约、执行合同、办理破产,其中政府合约(Contracting with the government)为2020年报告新增项。

体也会将第二大城市纳入评价范围。①需要说明的是,本小节当中涉及的世界银行营商环境指标体系主要反映在当地经商的难易程度,但并不包括宏观经济政策、安全、人口的劳动技能、金融制度的健全性、金融市场的监管规则等。

一、2019年全球营商环境排名前列国家(地区)以发达经济体为主

根据世界银行评价体系,2019年全球营商环境前20名的国家和地区如表2-1所示,包括新西兰、新加坡、中国香港地区、丹麦、韩国、美国等,营商环境得分都在80分以上。从收入水平来看,有16个经济体人均GDP超过12 000美元的世界银行高收入经济体标准,②仅有格鲁吉

表2-1　2019年全球营商环境得分前20位的国家(地区)

排名	国　家 (地区)	2019年营商 环境得分	人均GDP (美元)	排名	国　家 (地区)	2019年营商 环境得分	人均GDP (美元)
1	新西兰	86.8	42 084	11	立陶宛	81.6	19 455
2	新加坡	86.2	65 233	12	马来西亚	81.5	11 415
3	中国香港地区	85.3	48 756	13	毛里求斯	81.5	11 204
4	丹　麦	85.3	59 822	14	澳大利亚	81.2	54 907
5	韩　国	84	31 762	15	中国台湾地区	80.9	25 893
6	美　国	84	65 281	16	阿联酋	80.9	43 103
7	格鲁吉亚	83.7	4 769	17	北马其顿	80.7	6 093
8	英　国	83.5	42 300	18	爱沙尼亚	80.6	23 660
9	挪　威	82.6	75 420	19	拉脱维亚	80.3	17 836
10	瑞　典	82	51 610	20	芬　兰	80.2	48 686

- 数据说明:营商环境得分数据源于世界银行于2020年发布的《营商环境报告》,评分时间为2019年5月;人均GDP均为2019年值,其中中国香港地区和中国台湾地区的人均GDP数据来源于WIND数据库,其他经济体均来源于世界银行WDI数据库。

---

① 最后得分按照两个城市的人口数量进行加权,如2020年营商环境报告中对中国的评级就包括上海(权重为55%)和北京(权重为45%)两个城市。
② 按照世界银行网站发布的划分标准,人均国民总收入(GNI per capita)低于1 025美元的为低收入经济体,1 026—3 995美元的为下中等收入经济体,3 996—12 375美元的为上中等经济体,超过12 376美元的为高收入经济体,其中人均国民总收入是用世界银行图表集法转换成美元计量的国民总收入除以年中人口,即原人均国民生产总值。

亚(4 769 美元)、北马其顿(6 093 美元)、毛里求斯(11 204 美元)、马来西亚(11 415 美元)低于这一标准,但也属于上中等收入经济体。从地区分布来看,2019 年营商环境前 20 位的国家(地区)当中位于东亚和太平洋地区的相对较多,其次是欧洲与中亚地区。

二、2019 年全球营商环境排名较后经济体主要位于撒哈拉以南非洲地区

在世界营商环境报告有统计的 190 个经济体当中,位列 2019 年全球营商环境得分最后 20 名的国家和地区如表 2-2 所示,包括索马里、厄立特里亚、委内瑞拉、也门、利比亚等,得分都在 20—45 分之间。从收入水平来看,除赤道几内亚、利比亚、伊拉克等少数国家(地区)之外,绝大多数国家(地区)的人均 GDP 都低于 4 000 美元的世界银行下中等收入经济体标准。[①]从地区分布来看,2019 年营商环境后 20 位的国家(地区)

表 2-2　2019 年全球营商环境得分后 20 位的国家(地区)

排名	国家(地区)	2019年营商环境得分	人均GDP(美元)	排名	国家(地区)	2019年营商环境得分	人均GDP(美元)
190	索马里	20.0	—	180	刚果(布)	39.5	2 011
189	厄立特里亚	21.6	643*	179	海地	40.7	755
188	委内瑞拉	30.2	16 054*	178	赤道几内亚	41.1	8 132
187	也门	31.8	968*	177	安哥拉	41.3	2 974
186	利比亚	32.7	7 684	176	叙利亚	42.0	2 033*
185	南苏丹	34.6	1 120*	175	利比里亚	43.2	622
184	中非共和国	35.6	468	174	几内亚比绍	43.2	698
183	刚果(金)	36.2	545	173	阿富汗	44.1	502
182	乍得	36.9	710	172	伊拉克	44.7	5 955
181	东帝汶	39.4	1 294	171	苏丹	44.8	442

• 数据说明:营商环境得分数据源于世界银行于 2020 年发布的《营商环境报告》,评分时间为 2019 年 5 月;人均 GDP 指标均来源于世界银行 WDI 数据库,其中索马里仅更新至 1990 年(127 美元)因此未放入表中,由于缺乏 2019 年值,标 * 的部分国家人均 GDP 指标采用了最近可得年份数据替代,如厄立特里亚为 2011 年、委内瑞拉为 2014 年、也门为 2018 年、南苏丹为 2015 年、叙利亚为 2007 年,口径上并不完全可比。

---

① 其中,除缺乏人均 GDP 数据的索马里外,低于 1 000 美元左右世界银行低收入经济体标准的国家(地区)有 10 个。

主要分布于撒哈拉以南非洲地区,也有部分位于中东、南美等地区。

三、印度连续三年位列世界银行评选的营商环境提升最快的经济体前十名

根据世界银行《营商环境报告》评价,2019年全球提升最快的经济体为沙特阿拉伯、约旦、多哥、巴林、塔吉克斯坦等。从表2-3罗列的历年营商环境提升前10位的经济体来看,连续两年上榜的国家包括多哥(从2018年的全球第137位提升至2019年的第97位)、中国(从2018年的第46位提升至2019年的第31位)。此外,印度已经连续上榜三年,同时位列2017年、2018年和2019年全球营商环境提升最快的10个国家(地区),从2017年的第100位提升至2019年的第63位。

表2-3 全球营商环境评分提升最快的10个国家(地区)

排名	2019年 名称	排名	得分变化	2018年 名称	排名	得分变化	2017年 名称	排名	得分变化
1	沙特阿拉伯	62	+7.7	阿富汗	167	+10.6	文莱	56	+5.8
2	约旦	75	+7.6	吉布提	99	+8.8	泰国	26	+5.7
3	多哥	97	+7.0	中国	46	+8.7	马拉维	110	+5.4
4	巴林	43	+5.9	阿塞拜疆	25	+7.1	科索沃	40	+4.9
5	塔吉克斯坦	106	+5.7	印度	77	+6.6	印度	100	+4.7
6	巴基斯坦	108	+5.6	多哥	137	+6.3	乌兹别克斯坦	74	+4.5
7	科威特	83	+4.7	肯尼亚	61	+5.3	赞比亚	85	+3.9
8	中国	31	+4.0	科特迪瓦	122	+4.9	尼日利亚	145	+3.8
9	印度	63	+3.5	土耳其	43	+4.3	吉布提	154	+3.8
10	尼日利亚	131	+3.4	卢旺达	29	+4.2	萨尔瓦多	73	+3.6

• 数据来源:世界银行历年《营商环境报告》,评分时间分别为2019年5月和2018年5月,其中得分变化是指该经济体在世界银行营商环境报告中的得分相比上年的变化。

四、2019年中国营商环境全球排名提升至31位,为历史最好水平

在过去几年当中,中国整体营商环境明显提升,从2014年的全球第

90位提升至2019年的全球第31位,这也是2018年以来中国第二次位列全球营商环境前50位,属于历史最好水平。2019年中国营商环境得分为77.9,相比上年增加了4.0分,相比2017年增加了12.7分,国内通过各项改革在提升企业经营便利度上取得了相当好的效果,具有国际竞争力,但是目前来看中国距离全球前十名经济体(营商环境得分高于80分)仍有提升空间。

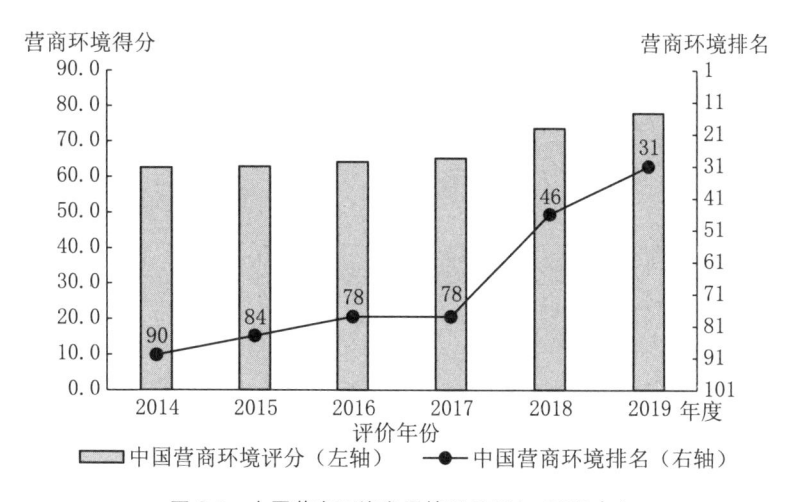

图2-1 中国营商环境发展情况(2014—2019年)

- 数据说明:图中数据均来源于世界银行历年《营商环境报告》,评分以前沿国家为100分,中国的历年得分可以测度与营商环境前沿国家整体差距情况。

在世界银行衡量框架里,中国2019年营商环境得分位列全球第31位,次于俄罗斯(第28位)、日本(第29位),但远高于印度(第63位)、南非(第84位)。其中,中国营商环境得分细分项当中表现最突出的为:执行合同(全球第5位)、获得电力(第12位)、开办企业(第27位)、登记财产(第28位)和保护少数投资者(第28位),排名均超过中国2019年营商环境得分整体排名(第31位)。其余细分项的全球排名分别为:办理施工许可证(第33位)、办理破产(第51位)、跨境贸易(第56位)、获得信贷(第80位)、纳税(第105位)。与2018年相比,除了获得信贷得分不变以外,中国所有细分项目得分均有提升,其中排名提升最快的项目为办理施工许可证(从第121位提升至第33位)与保护少数投资者(从第64位提升至第28位)。

表 2-4 中国营商环境主要指标发展趋势(2015—2019 年)

指标	2015 年	2016 年	2017 年	2018 年	2019 年
总分	**63.1**	**64.6**	**65.2**	**74.0**	**77.9**
	(84)	(78)	(78)	(46)	(31)
开办企业	80.8	84.3	85.4	93.4	94.1
	(136)	(127)	(93)	(28)	(27)
办理施工许可证	39.6	39.9	41.2	65.2	77.3
	(176)	(177)	(172)	(121)	(33)
获得电力	65.5	65.6	65.7	92.0	95.4
	(92)	(97)	(98)	(14)	(12)
登记财产	74.5	74.5	75.0	80.8	81.0
	(43)	(42)	(41)	(27)	(28)
获得信贷	50	60	60	60	60
	(79)	(62)	(68)	(73)	(80)
保护少数投资者	56.0	56.0	56.0	62.0	72.0
	(134)	(123)	(119)	(64)	(28)
纳税	60.5	60.5	63.3	67.9	70.1
	(132)	(131)	(130)	(114)	(105)
跨境贸易	70.7	70.7	70.7	83.4	86.5
	(96)	(96)	(97)	(65)	(56)
执行合同	78.1	79.0	79.0	79.0	80.9
	(7)	(5)	(5)	(6)	(5)
办理破产	55.4	55.8	55.8	55.8	62.1
	(55)	(53)	(56)	(61)	(51)

• 表格说明:数据来源于世界银行历年《营商环境报告》,表格中为中国营商环境的评分(采用 DB17-20 方法更新),具体对应评估时间为上年 6 月至当年 5 月。

第二节 2019 年全球外商投资政策变化

与"营商环境"主要测度本地开展商业活动的难易程度有所不同,本节当中更侧重对"投资环境"的讨论,即更多从外商投资所面临的成本、风险、竞争阻碍等政策变化趋势角度展开分析,特别是加入对外资进入与退出壁垒的讨论。本节主要引用联合国贸发会议(UNCTAD)发布的《世界投资报告》和《投资政策监测报告》(Investment Policy Monitor),对2019年间各国新出台的投资相关政策进行汇总和分析。从数据来看,近年来越来越多的发达国家对外资的安全性表示担忧,安全审查逐渐趋严,导致国际投资环境恶化;发展中国家仍然以促进类外资政策为主,以吸引外商投资进入。

一、2019年全球外商投资政策以促进类为主

从外商投资政策来看,[①]据联合国贸发会议发布《2020年世界投资报告》[②]统计,2019年全球有54个经济体共实施了107项影响外国投资新政策,政策数量相比2018年(112项)、2017年(144项)均有所下降,与2015年(100项)较为相近。从对外商投资的影响方向来看,在2019年发布的所有政策当中,有66项以鼓励为主(即趋向于提升外商投资的自由度和便利程度),有21项以增加约束和限制为主(提升外资进入门槛等),剩下的20项为中性或不确定。2019年的鼓励类、限制类、中性类新政策数量占比分别为61.7%、19.6%和18.7%。与2018年相比,短期内促进类政策占比有所回升,限制类政策有所下降,2019年全球经济体新出台的外商投资政策短期趋向积极正向。但是从2015年以来较长趋势来看,促进类政策占比有所下滑(2015年时占比高达75%),限制类政策占比有所上升(2015年为14.0%),全球投资政策正沿着日趋严格的方向前进,特别是与国家安全相关的投资审查。

[①] 如果从国内投资来看,根据世界银行最新《营商环境报告》数据,全球各国在2018年至2019年间共发生了294项监管改革,其中共有115个经济体提升了本地商业活动的便利程度,26个经济体对商业活动的友好程度降低,因此可以认为改革总体方向以提升本地商业便利度为主。
[②] 报告发布于2020年6月,全文可参见联合国贸发会议官方网站,https://unctad.org/en/pages/PublicationWebflyer.aspx?publicationid=2769。

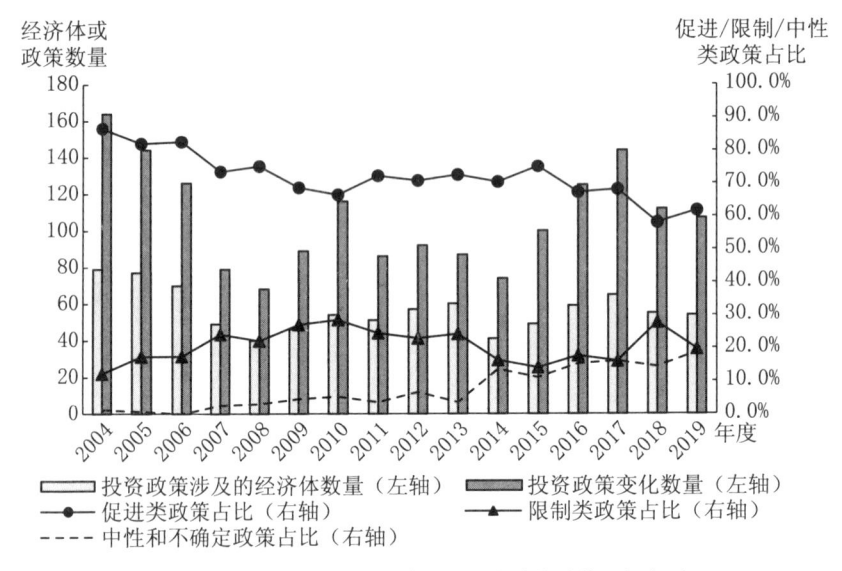

图 2-2　2004—2019 年全球新出投资政策的数量与类型

· 数据来源：世界银行报告 2020 年《世界投资报告》(2020 年 6 月发布)。

从全球地区分布来看，2019 年亚洲发展中经济体出台的外商投资相关新政策最多(50 项)，占比接近一半，其次是非洲经济体(17 项)、拉丁美洲和加勒比地区(14 项)、转型经济体(11 项)和欧洲经济体(11 项)。具体来看，2019 年发展中经济体主要以促进外商投资类改革为主，占比超过 7 成，不断降低进入门槛、提升投资环境，而欧美发达国家中 2019

表 2-5　2019 年全球投资相关新政策的地区分布

指　　标	亚洲发展中经济体	非洲经济体	欧洲经济体	其他发展中经济体	北美洲经济体	拉丁美洲经济体	转型经济体
政策总量	50	17	11	3	1	14	11
促进类	36 (72.0%)	6 (35.3%)		4 (26.7%)		10 (71.4%)	10 (90.9%)
限制类	4 (8.0%)	5 (29.4%)		10 (66.7%)		2 (14.3%)	0 (0%)
中性和不确定性类	10 (20.0%)	6 (35.3%)		1 (6.7%)		2 (14.3%)	1 (9.1%)

· 数据说明：表中数据来源于世界银行报告 2020 年《世界投资报告》(2020 年 6 月发布)。其中括号内为对应比重，系作者自行计算。

年新发布的政策以限制类为主(超过6成),特别是出于国家安全对外商投资进行审查力度的不断增强,整体投资环境趋向恶化、对FDI的吸引力日益下滑。

二、中国对外投资目的地的政策变化趋势

根据中国商务部、国家统计局和国家外汇管理局联合发布的《中国对外直接投资统计公报》,2018年中国对外直接投资流量占总额前20位的国家(地区)依次为:中国香港地区(60.7%)、美国(5.2%)、英属维尔京群岛(5.0%)、新加坡(4.5%)、开曼群岛(3.8%)、卢森堡(1.7%)、澳大利亚(1.4%)、印度尼西亚(1.3%)、马来西亚(1.2%)、加拿大(1.1%)、德国(1.0%)、老挝(0.9%)、越南(0.8%)、阿联酋(0.8%)、瑞典(0.7%)、荷兰(0.7%)、韩国(0.7%)、英国(0.7%)、中国澳门地区(0.6%)、柬埔寨(0.6%)。

根据联合国贸发会议《投资政策监测报告》及对应数据库的统计口径[1],表2-6中汇总了上述国家(地区)在2019年当中进行的政策变化,

表2-6 中国对外直接投资流量排名前列国家(地区)的投资新政策分类及数量

	政策总量	准入和开办企业	进入后待遇	投资促进	一般商业环境
美 国	1	0	0	1	0
开曼群岛	1	0	0	0	1
印度尼西亚	5	3	1	1	0
马来西亚	1	1	0	0	0
越 南	4	2	2	0	0
阿联酋	4	4	0	1	0
韩 国	1	0	0	1	0
欧 盟	1	1	0	0	0

• 数据说明:根据联合国贸发会议(UNCTAD)"Investment Policy Monitor"数据库整理,②2019年当年没有实施新政策的国家(地区)未列入表中,其中欧盟并不属于中国对外直接投资流量占总额前20位的国家(地区)当中,但是考虑其重要性也作为经济体放入。

---

[1] 此处统计口径为国家(地区)内政策,并不包括国际投资协议等。
[2] 参见联合国贸发会议官方网站,https://investmentpolicy.unctad.org/investment-policy-monitor/measures/。

其中部分欧盟成员国(如德国、瑞典等)没有采取独立的外资政策变动，而是欧盟作为整体进行了相应改革，因此直接将欧盟加入表格中作为统计对象。从表2-6中来看，2019年中国对外投资前列的主要目的地国家(地区)中共有7个经济体发布了18项新政策或改革(包括欧盟)，其中11项属于"准入和开办企业"，3项属于"进入后待遇"，4项属于"投资促进"，1项属于"一般商业环境"。

从新外资政策的具体内容来看，表2-7中所列绝大多数属于促进类，如降低外资门槛、放宽外资准入范围、减少外资税收等，其中印度尼西亚(4项)、越南(4项)、阿联酋(4项)等地采取的措施最多，积极吸引外资进入。部分较少的经济体采用了限制类政策，如韩国取消外资的税收优惠政策，欧盟则采用新框架加强了对FDI的审查。

表2-7　2019年中国对外直接投资流量排名前列的国家(地区)投资新政策内容

国家/地区	政策发布时间	类　型	主　要　内　容
美　国	2019年12月	投资促进	发布新税收激励计划"机会区域"(Opportunity Zones)具体措施，最多可减征15%的资本利得税
开曼群岛	2019年8月	一般商业环境	修改了《公司法》相关规定，允许股东或管理人员名册开放查询
印度尼西亚	2019年1月	准入和开办企业	取消印度尼西亚保险业外资占比不得超过80%的限制
	2019年6月	准入和开办企业	要求在印度尼西亚从事建筑业的外国投资者需要在线提交申请并获得建筑许可证，并定期报告
	2019年7月	进入后待遇	印度尼西亚投资协调委员会(BKPM)发布与外商投资企业股份转让或撤资相关的新规定
	2019年12月	投资促进	对特定行业和地区提供税收激励，以鼓励外商投资
	2019年12月	准入和开办企业	印度尼西亚金融服务管理局发布新规放宽外国银行支行准入
马来西亚	2019年10月	准入和开办企业	外籍人士在马来西亚置业的最低门槛从100万林吉特降低至60万吉林特
越　南	2019年2月	准入和开办企业	越南政府发布外商投资职业培训机构的准入要求
	2019年5月	进入后待遇	越南国家银行允许部分情形下外国投资者可以在参与越南国企私有化的拍卖过程中使用外汇
	2019年9月	进入后待遇	越南国家银行发布《外国投资者境内直接投资外汇管理规定》的实施细则
	2019年11月	准入和开办企业	外资在越南航空公司的持股比例上限从30%提升至34%

(续表)

地 区	政策发布时间	类 型	主 要 内 容
阿联酋	2019年2月	投资促进	阿联酋成立阿布扎比投资办公室(ADIO)以吸引外资
	2019年4月	准入和开办企业	允许外国人在特定区域拥有不动产的永久产权,以吸引外资
	2019年7月	准入和开办企业	允许外国投资者在13个行业持股比例提升至100%,如交运仓储、信息通信、教育、医疗、艺术娱乐等
	2019年12月	准入和开办企业	阿联酋证券及商品局(SCA)修订了对"合格投资者"的定义
韩 国	2019年1月	投资促进	取消对外商投资的税收减免等激励
欧 盟	2019年4月	准入和开办企业	欧盟通过境外投资监督新法规,要求成员国对涉及欧盟国家安全、公共秩序或投向关键行业、关键技术领域的外商投资进行审查

• 数据说明:根据联合国贸发会议(UNCTAD)"Investment Policy Monitor"数据库整理。[①]

三、中国积极建设有利环境,促进外商投资

2019年中国的外商投资类新政策以鼓励促进类为主,通过了《中华人民共和国外商投资法》,并出台了《中华人民共和国外商投资法实施条例》,在保护外商投资合法权益的同时规范外商投资管理。中国在外资准入政策方面更新了两套负面清单和一套鼓励清单,并且积极扩大金融业对外开放,[②]尤其是银行和保险业,通过优化外汇管理政策措施等细则不断改善国内市场的投资环境,提升中国对外资的吸引力,鼓励外商直接投资进入中国市场。

表2-8　2019年中国外商投资相关重要新政策

发布时间	机 构	名 称
2019年3月	第十三届全国人大第二次会议通过	《中华人民共和国外商投资法》
2019年6月	国务院金融稳定发展委员会办公室	《关于进一步扩大金融业对外开放的有关举措》
2019年6月	国家发改委、商务部	《鼓励外商投资产业目录(2019年版)》

---

① 参见联合国贸发会议官方网站,https://investmentpolicy.unctad.org/investment-policy-monitor/measures/。
② 包括允许境外资产管理机构与中资银行或保险公司的子公司合资设立由外方控股的理财公司,允许境外金融机构投资设立、参股养老金管理公司等11条,详细内容可参见 http://www.gov.cn/xinwen/2019-07/21/content_5412293.htm。

(续表)

发布时间	机　　构	名　　称
2019年6月	国家发改委、商务部	《外商投资准入特别管理措施(负面清单)(2019年版)》
2019年6月	国家发改委、商务部	《自由贸易试验区外商投资准入特别管理措施(负面清单)(2019年版)》
2019年9月	上海市人民政府	《上海市人民政府关于本市进一步促进外商投资的若干意见》
2019年10月	国务院	《国务院关于修改〈中华人民共和国外资保险公司管理条例〉和〈中华人民共和国外资银行管理条例〉的决定》
2019年10月	国家外汇管理局	《国家外汇管理局关于进一步促进跨境贸易投资便利化的通知》
2019年12月	国务院	《中华人民共和国外商投资法实施条例》

• 数据说明:根据联合国贸发会议(UNCTAD)"Investment Policy Monitor"数据库[1]和中国各部门政府网站相关信息整理。

第三节　新冠疫情冲击下全球投资环境变化趋势

2020年以来,新冠肺炎在全球范围大流行,各国经济增长承受较大压力,世界银行、IMF、OECD等国际机构均预计2020年全球GDP会出现负增长。[2]在此背景之下,国际投资的主要资金来源跨国公司面临供应链断裂、产出下滑、市场需求不足、企业利润下降等多种经营问题,投资意愿明显降低。从全球范围来看,各国政府针对疫情实施的投资相关举措主要分为两类,发达国家在医药等领域加强投资审查,整体投资环境趋于恶化;此外,也有部分国家出台积极的投资促进政策,以期拉动经济增长。

一、全球范围内跨国公司对外投资意愿普遍下降

UNCTAD在2020年上半年对全球前500强的跨国公司的问卷调

---

[1] 参见联合国贸发会议官方网站,https://investmentpolicy.unctad.org/investment-policy-monitor/measures/。
[2] 根据世界银行、IMF、OECD在2020年4—6月份发布的最新报告结果,预计2020年全球经济增长速度分别为-5.2%、-3.0%和-6.0%。

查显示,[①]企业对 2020 年的年度期望盈利平均下滑了 40%,而这些企业是跨国投资的主要来源。世界银行在 2020 年 3 月也开展了一项外国投资者调查,[②]主要关注新冠肺炎疫情对跨国公司的影响程度,其中有 80% 的公司都报告在过去三个月中受到疫情不同程度影响,在营收、利润、融资、供应链可靠度、员工劳动生产率、总产出等多个指标上都出现不同程度下滑,其中最为严重行业依次为酒店餐饮(41%)、航空航天(30%)、教育(19%)、批发零售业(19%)。

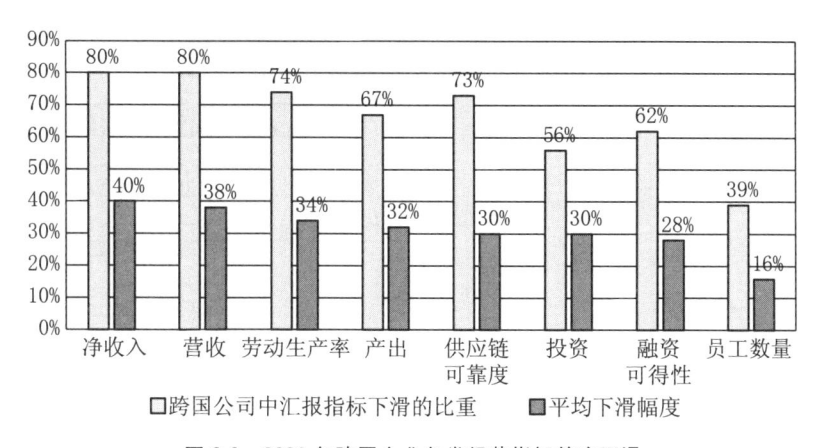

图 2-3　2020 年跨国企业各类经营指标普遍下滑

- 数据说明:数据源于世界银行报告 "The Impact of COVID-19 on Foreign Investors: Early Evidence from a Global Pulse Survey"(2020 年 4 月发布),考察时间段为收到问卷的过去三个月内。

受到疫情带来的外出限制、防控措施、未来不确定性等因素的冲击,跨国企业将重新评估商业行动,对外投资的意愿明显下降。世界银行调查显示,[③]56% 的跨国公司汇报在前三个月中企业投资已经出现下滑、平均幅度为-30%,有 69% 的跨国企业预计其在未来三个月中投资会出现负增长、平均幅度为-42%。这会直接影响 2020 年乃至更长时期的全球

---

① 参见联合国贸发会议于 2020 年 6 月发布的 "World Investment Report 2020",报告全文可见 https://unctad.org/en/pages/PublicationWebflyer.aspx?publicationid=2769。
②③ 参见世界银行于 2020 年 4 月发布的报告 "The Impact of COVID-19 on Foreign Investors: Early Evidence from a Global Pulse Survey"。

FDI规模以及经济复苏速度。如果细分规模来看,原本投资规模或者企业规模较大的跨国公司预计投资下滑幅度更大,如海外投资规模超过1 000万美元的企业预计未来三个月投资将下滑47%,雇员人数大于250人的企业预计下滑40%。从行业来看,在过去三个月中,制造业和服务业跨国公司汇报的投资下滑幅度比较接近,但是未来三个月的预期当中,服务业企业的投资下滑幅度(-47%)超过了制造业企业(-35%)。

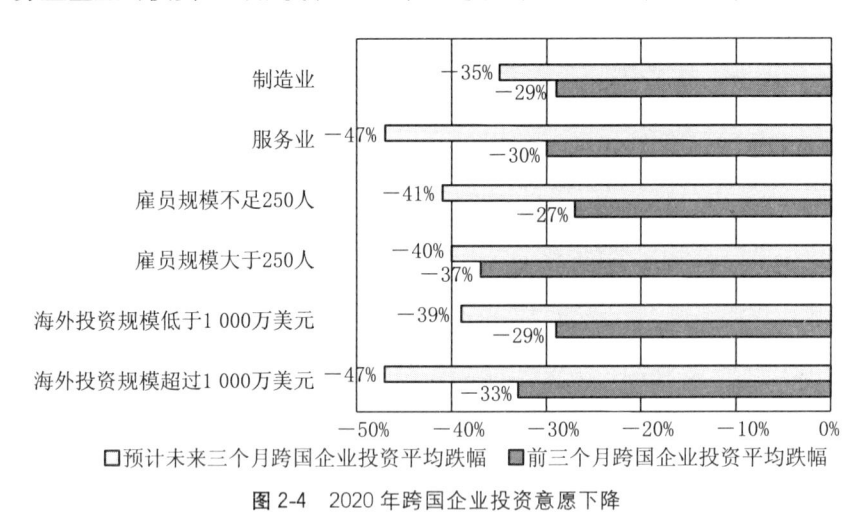

图 2-4 2020 年跨国企业投资意愿下降

- 数据说明:数据源于世界银行报告"The Impact of COVID-19 on Foreign Investors: Early Evidence from a Global Pulse Survey"(2020 年 4 月发布),考察时间段为收到问卷的过去三个月和未来三个月(预期)。

二、新冠疫情加剧了发达国家对外商投资的审查力度

由于新冠疫情,2020 年上半年许多发达国家政府对外国投资的审查力度加大,全球投资环境整体趋于恶化,可能对各国经济恢复、全球FDI增长都带来负面影响。从各国政府角度,加强审查的主要动机可能在于保护关键企业和核心技术不会被外国低价收购或恶意收购,尤其是确保国内医疗产品(如医疗服务、药物、医疗用品和器械等)产能充足。根据联合国贸发会议(UNCTAD)报告,[1]西班牙发布的第 8/2020 号皇

---

[1] 参见联合国贸发会议(UNCTAD)于 2020 年 5 月发布的报告"Investment Policy Responses To The COVID-19 Pandemic", https://unctad.org/en/PublicationsLibrary/diaepcbinf2020d3_en.pdf。

家法令中就有类似表述,认为新冠疫情使得部分重要部门的西班牙上市与非上市公司都受到股价压力,很容易成为外国收购者的目标,进而对公共秩序、公共安全和公共健康都造成潜在风险;[1]加拿大政府还提出需要防止外国国有企业出于非商业需求的投资,以免伤害加拿大的国家利益。

表2-9 2020年OECD国家中与疫情相关FDI审查制度变化简明统计

FDI审查标准不涉及具体部门	将与健康相关部门加入审查列表	将健康相关部门划分到更严格的审查列表	建立了全新的审查机制(健康产业包括在内)	在疫情前健康相关产业已经包括在审查列表当中
澳大利亚、加拿大、芬兰、德国、冰岛、新西兰	法国、意大利、奥地利	德国、西班牙、日本	捷克、匈牙利、斯洛文尼亚、波兰	奥地利、法国、匈牙利、韩国、拉脱维亚

• 数据说明:引用自OECD报告"Investment Screening in Times of COVID-19 and Beyond"(2020年7月发布),其中统计日期到2020年6月12日,口径中包括即将实施的改革和暂时实行的措施。

根据经合组织(OECD)的报告统计,[2]为应对疫情冲击,2020年上半年发达国家和新兴市场国家都存在新出台或改革投资审查体系的举动。部分举措意在加强对健康相关产业部门的保护(参见表2-9),部分则是加强对外商投资的普遍审查(包括暂时性措施和永久措施),外商投资需要在2020年甚至更长时期内面对审查趋严的挑战。例如欧盟委员会于2020年3月时通过条例[3]督促未建立外商投资审查制度的欧盟成员国制定相关机制,督促已经存在相关制度的国家加强对疫情相关重要资产的投资审查,避免疫情带来的风险。[4]从发达国家来看,澳大利亚、意大利、法国、匈牙利等国都在原本审查制度的基础上,通过了暂时

---

[1] 因此,西班牙在该法令中提出如果外资收购10%以上股权需要得到政府的事先批准。这类领域大致包括五类:关键设施(如能源、交通、水、健康、通信、媒体、数据储存、航空航天、国防、金融等)、关键技术(如人工智能、机器人、半导体、网络安全、航空航天科技、国防、能源储存、量子和核技术等)、基础产品供应(如能源、原材料、食品安全等)、涉及敏感信息的部门(个人数据)、媒体。

[2] 参见OECD于2020年7月发布的报告"Investment Screening in Times of COVID-19 and Beyond", http://www.oecd.org/coronavirus/policy-responses/investment-screening-in-times-of-covid-19-and-beyond-aa60af47。

[3] https://ec.europa.eu/commission/presscorner/detail/en/ip_20_528。

[4] 葛顺奇,陈江滢.中国企业对外直接投资面对疫情危机新挑战[J].国际经济合作,2020(04):21—36.

性的措施来降低审查门槛或者扩大审查范围;①法国、德国、日本、波兰和西班牙则采取了永久性措施,改变了原有的审查制度;斯洛文尼亚引入了新的审查制度;德国、荷兰、新西兰和英国则加速实施疫情前已经提出的相关改革政策。从新兴市场国家来看,印度、罗马尼亚上半年的审查制度改革是由于新冠疫情直接导致,中国和俄罗斯的改革与疫情关联不大。此外,巴西、中国、俄罗斯、乌克兰和越南都在积极酝酿推出新改革。

三、新冠疫情促使部分国家加速投资便利化改革

新冠疫情对 2020 年的全球投资规模造成了巨大冲击,直接影响各国经济发展和就业,因此联合国贸发会议、经合组织等机构纷纷呼吁政府采取相关措施应对新冠疫情,如减少企业各类负担、鼓励医疗相关产业投资、必要时政府参与严重受疫情影响的产业、中小企业投资促进等。从全球范围来看,部分国家政府也正在展开相关投资鼓励政策,以提振经济、提升产出、抗击疫情。

根据联合国贸发会议 2020 年 5 月的报告,②疫情爆发以来的投资促进政策可以分为国际和国内两类,其中国际政策主要是国际组织的联合申明和共识,如 2020 年 3 月在 G20 会议上各国政府承诺将投入超过 5 万亿美元以振兴经济,减少疫情带来的损失,目标是实现"自由、公平、非歧视、透明、可预测且稳定的贸易和投资环境,并保持市场开放",亚太经合组织(APEC)、G7 也有类似应对疫情、促进投资和贸易恢复的声明。

从各国内部的投资促进政策来看,主要包括普遍性支持政策(如减

---

① 据联合国贸发会议统计,澳大利亚将外商投资的审查门槛暂时降低至零(使得所有相关交易都需要审核),审查时间也从 30 天延长至 6 个月;意大利则扩大了需要审核的投资行业范围,将金融、保险等都纳入其中。
② 参见联合国贸发会议(UNCTAD)于 2020 年 5 月发布的报告"Investment Policy Responses To The COVID-19 Pandemic", https://unctad.org/en/PublicationsLibrary/diaepcbinf2020d3_en.pdf。

少审批流程、相关费用减免、落实已有投资、线上谈判签约等）以及对医药等疫情相关行业的特殊政策。其中，普遍性政策中较为突出的是中国，[①]中国在2020年2月就先后发布《商务部办公厅关于积极指导帮助走出去企业做好新冠肺炎疫情应对工作的通知》[②]《商务部关于应对新冠肺炎疫情做好稳外贸稳外资促消费工作的通知》[③]《国家发展改革委关于应对疫情进一步深化改革做好外资项目有关工作的通知》[④]等政策，提出对内资外资企业一视同仁、同等适用支持政策，如对在谈和在建的外资大项目都积极推进协调、保障投资按计划进行，并且将招商投、促工作都放在网上进行（如视频会议、在线签约等），为"引进来"和"走出去"的企业提供及时的政策支持、防范疫情带来的各类风险。其中，医药相关行业的特殊投资政策则包括激励医药企业加大研发投资，鼓励制造业企业扩张或者转产医疗防护设备等，以应对疫情需求。根据联合国贸发会议统计，2020年上半年捷克、韩国、欧盟等政府先后宣布补贴或资助医药和疫苗研发，印度、意大利和美国等政府则采用补贴、减税等方式鼓励医疗设备生产。

---

① 如缅甸、塞尔维亚、泰国等先后在2020年上半年推出了疫情相关政策，如加速审批，延长外籍居民居留时间等，参见联合国贸发会议报告"Investment Policy Responses To The COVID-19 Pandemic"。
② 详细内容可以参见中国商务部官方网站，http://www.mofcom.gov.cn/article/b/fwzl/202002/20200202935481.shtml。
③ 详细内容可以参见中国商务部官方网站，http://www.mofcom.gov.cn/article/b/fwzl/202002/20200202937077.shtml。
④ 详细内容可参见国家发改委官方网站，https://www.ndrc.gov.cn/xxgk/zcfb/tz/202003/t20200311_1222902.html。

第三章
国际投资规则体系发展新趋势和新动向

本章总结当前国际投资规则体系现状、新趋势新动向以及当前国际投资规则体系改革所面临的主要挑战。首先概述当前国际投资协议签署的数量趋势、主要经济体签署国际投资协议新动向和新主张,再概述当前投资争端仲裁案件的裁决结果概况、被诉国和投资者母国分布以及行业分布情况等,最后总结当前国际投资规则体系的改革动向以及改革面临的主要挑战。

第一节 国际投资协议签署新动向

当前国际投资协议签署的数量趋势是:全球生效的国际投资协议已达到 2 660 个以上,近年新签署的国际投资协议数量趋于稳定,而终止的数量有所增加,这表明越来越多经济体正在现代化其老一代的国际投资协议。从主要经济体签署动向看,欧盟对未来全球投资规则体系改革将产生相当大的主导作用,越来越多的发展中国家通过投资协议谈判积极推进区域内投资自由化。

一、国际投资协议数量趋势

(一)每年新签署国际投资协议数量保持平稳,协议终止数量有所增加

根据联合国贸易和发展会议 2020 年 3 月发布的数据(UNCTAD,2020a),截至 2020 年 2 月底,全球累计签署的国际投资协议数共 3 292

个,生效的投资协议共 2 662 个,其中含有投资条款的协议(Treaties with Investment Provisions, TIPs)大约占 12%(目前生效的 TIPs 约为 390 个),双边投资协议(BIT)约占 88%。①

国际投资协议签署的存量数已较大,近年新签署的国际投资协议数量趋向于平稳。从 1980—2019 年国际投资协议每年新增签署数(图 3-1)看,全球国际投资协议签署集中于 1990—2009 年间。2011 年开始,每年新签署的国际投资协议(包括 TIPs)总数均少于 50 个,基本上维持在 40 个协议左右,例如 2017 年和 2018 年分别新签署 40 个和 42 个国际投资协议。②2019 年新签署数略有下降,共签署国际投资协议 22 个,其中 BIT 共 16 个,TIPs 共 6 个(UNCTAD,2020b)。

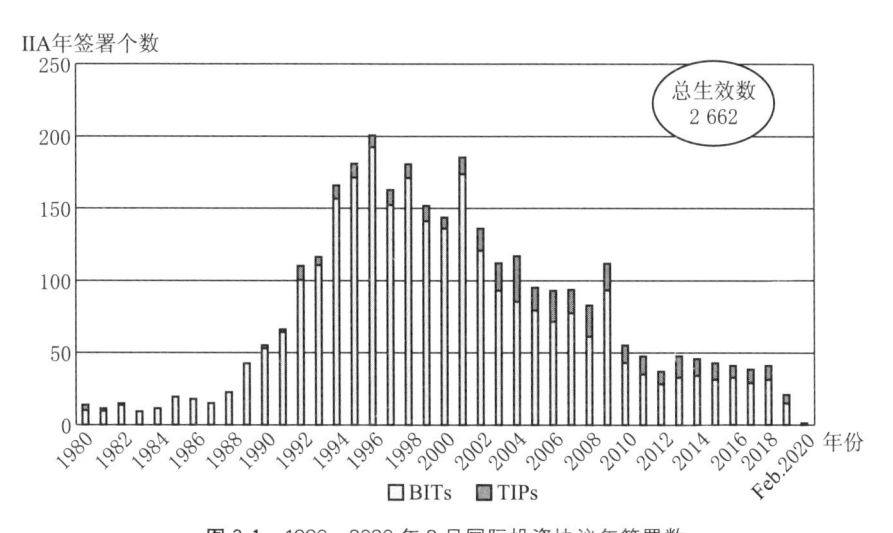

图 3-1　1980—2020 年 2 月国际投资协议年签署数

• 数据来源:UNCTAD(2020a)。

---

① 国际投资协议总累计数为已签署的协议(包括生效和已签署但未生效的),不包括正在谈判或已终止的协议(UNCTAD 数据库可查到谈判或终止的协议信息,但不包括在该数据统计中)。下文若没有特别指明,国际投资协议指 IIA(International Investment Agreements),包括 BIT 和 TIPs 两类。

② 根据 IIA Navigator 数据库。该数据库不断更新调整,因此部分统计数与各年世界投资报告中的数据略有差别。

（二）2010年后，国际投资协议终止数量持续攀升

根据UNCTAD，截至2018年底，有效终止的协议共达到309个。2010—2018年共有187项国际投资协定终止生效（图3-2），占60.5%，其中128项为单方终止，而在2000—2009年，国际投资协定终止数量仅96项。2019年共有34个协议终止，其中欧盟成员国内部BIT终止占18个，而2018年和2017年协议终止数也分别达到25个和22个。[①]

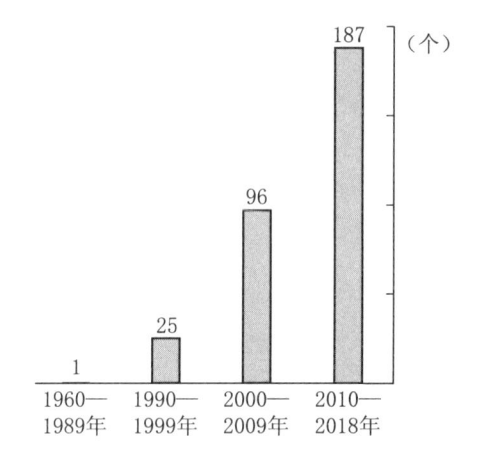

图3-2　1960—2018年有效终止的国际投资协议数量

• 数据来源：UNCTAD(2019b)。

在未来几年内，国际投资协议终止的数量预计将增加。一方面，欧盟内部成员国之间的投资协定将逐步终止，这将涉及约190个投资协议；另一方面，一些区域贸易协定、特大区域贸易协定生效后，逐步取代旧投资协议。一些国家正通过更新其BIT模板，持续单方终止原协议而重新开始谈判新的协议，例如印度和厄瓜多尔是近几年终止协议较多的国家，2017—2019年间印度终止了29个投资协议。

---

① 包括单方面终止和重新签署新协议替代旧协议。2018年25个终止协议中，厄瓜多尔终止12个BIT，印度终止了5个BIT；2017年终止的22个IIA中，印度占17个。

二、重要经济体签署协议新动向

（一）欧盟在国际投资规则制定中的主导权将不断增加

2009年《里斯本条约》生效后，FDI政策成为欧盟共同商业政策的一部分。欧盟逐步对其成员国国际投资协议进行整合，这一整合过程将对全球国际投资规则体系产生较大影响。整合大致分为三类情况（UNCTAD，2018）：

一是终止欧盟成员国内部BIT，该项整合已启动。经欧盟法院裁定Achmea案后，欧盟成员国之间BIT的投资者国家仲裁条款被视为不符欧盟法律，欧盟委员会要求成员国逐步终止其内部BIT。截至2020年5月，欧盟成员国中已有23个成员国签署同意终止内部BIT（共包括125个将终止以及11个已终止的BIT）。但目前《能源宪章条约》仍适用于欧盟成员国之间的投资争端，欧盟可能通过正在推进的《能源宪章条约》现代化改革解决该问题。

二是欧盟新签署的投资贸易协议将逐渐替代各成员国与第三国的旧协议。欧盟与第三国贸易协议若与成员国和第三国现存BIT重叠，欧盟可在新协议中终止成员国与第三国相关投资协议的条款，如欧盟—加拿大全面经济合作协议（CETA）第30.8条就是替代其他投资协议的条款。通过该方式，欧盟逐步终止其成员国与第三国签署的旧协议，而代之以欧盟与第三国的新协议。

三是欧盟成员国新的双边投资协议谈判均要经过欧盟委员会授权才能开展。欧盟就谈判文本提出要求，确保欧盟各成员国新投资协议的一致性。

通过整合，欧盟在国际投资协议谈判中的主导作用有望不断增加。欧盟关于投资法庭体系改革的主张已被纳入部分协议，仅部分内容与其原方案略有差异，这些协议包括加拿大—欧盟的CETA、欧盟—新加坡投资保护协议（IPA，Investment Protection Agreement，IPA）以及欧盟—

越南 IPA 等。目前,欧盟正积极推进与各国的投资协议谈判。2020 年 3 月,中国和欧盟双方举行了第 27 轮投资协议谈判。另外,欧盟和非加太集团(ACP, African, Caribbean and Pacific Group)2000 年签署的"科托努协议"(Cotonou Agreement)已到期,欧盟与非加太区域伙伴协议正在谈判中,该协议将涵盖 100 多个国家,覆盖的区域范围十分广泛。

(二)美加墨协议(USMCA)对投资规则作出较大调整

自 2017 年特朗普政府执政以来,美国对外签署的国际投资协议数量很少。截至 2020 年 5 月底,美国对外签署 BIT 最近年份为 2008 年(为美国—卢旺达 BIT),2008 年后未签署新的 BIT。在含有投资条款的国际投资协议(TIPs)方面,特朗普政府上任后,美国仅签署了美加墨贸易协议,另外对韩美贸易协议进行修订。美加墨贸易协议已在三国各自完成批准程序,于 2020 年 7 月 1 日生效。

与美国过去的投资协议相比,USMCA 投资相关规则发生了较大变动(张生,2019),主要包括:一是投资争端解决机制设计更加弹性化,不再坚持全面投资仲裁制度。在 USMCA 中,加拿大选择退出投资争端解决机制,美国和墨西哥之间仍保留投资仲裁机制,但美墨之间投资仲裁机制增加了不少限制条件。二是精细化和明确了近年一些具有争议性的投资条款,包括投资定义范围、公平公正待遇条款和最惠国待遇条款。三是美墨投资仲裁制度中包含了"非市场经济地位"相关条款。对来自非市场经济地位的在美国或墨西哥的投资者,不管是否实质经营,其在另一缔约方的投资均被排除在美墨争端解决机制保护范围之外。

(三)《能源宪章条约》现代化改革已提上日程

《能源宪章条约》(ECT)于 1994 年开放签署,1998 年生效,为能源投资、能源过境和贸易提供法律保护,在能源投资领域发挥重要作用。目前《能源宪章条约》签署国共 52 个。2014 年开始,《能源宪章条约》取代《北美自由贸易协定》,成为投资仲裁案件数最多的国际投资协定。近年,欧盟各国因可再生能源政策而受到多个案件起诉,其中主要协议依据为《能源宪章条约》，因此欧盟特别积极推动 ECT 改革。2018 年 11 月 27—28 日召开的第 29 次能源宪章会议通过关于《能源宪章条约》现代化的 25 项谈判议题，主要包括：准入前投资、投资和投资者定义、能源部门经济活动定义、公平公正待遇定义、监管权、MFN 条款、保护伞条款、投资相关的资金转移、间接征收定义、基础设施可接入要求、可持续发展和企业社会责任等投资规则相关改革议题。2019 年 11 月，能源宪章会议制定了 ECT 现代化的程序和谈判时间表。[①]

（四）脱欧后的英国正积极推动其经贸协定谈判

2020 年 1 月 31 日，英国和欧盟签署脱欧协议，在过渡期内，欧盟与第三国贸易协议仍适用于英国，目前过渡期最后期限为 2020 年 12 月 31 日。基于疫情因素，各方尚在讨论是否延长过渡期，但截至 2020 年 5 月底，尚无关于延长过渡期的正式决定。过渡期结束后，即 2021 年 1 月 1 日开始，欧盟贸易协议将不适用于英国。英国已与欧盟现存贸易协议的经济体展开谈判，以签署延续协议。过渡期结束后，延续协议能使英国与这些经济体的贸易不会受到过大冲击。截至 2020 年 4 月底，英国已与 20 个国家和贸易区签署了延续协议，其中包括智利、韩国、加勒比论坛贸易集团（CARIFORUM）等，多数延续协议沿袭相应欧盟贸易协议文本，仅列明修改条款。截至 2020 年 4 月底，英国还在与 16 个经济体和贸易区谈判延续协议，其中包括新加坡、加拿大和墨西哥等。[②]

英国在脱欧后将积极推进其贸易协定谈判。英国政府在其中央政府国际贸易部设立了战略贸易咨询小组，旨在推进其贸易谈判。目前英国重点推进与美国、澳大利亚、新西兰和日本的贸易谈判，且已结束咨询程序。英国和美国于 2020 年 5 月 5 日已开始第一轮自由贸易协议谈判，另外英国表示将考虑加入 CPTPP。在未来若干年内，脱欧后的英国预计将积极拓展其贸易协定网络。

---

① 更多资料见 https://www.energycharter.org/。
② 英国贸易谈判相关进展，参见 https://www.gov.uk/government/collections/the-uks-trade-agreements。

(五) 发展中国家区域一体化逐渐拓展至投资领域

2018年3月,非洲联盟的44国签署《建立非洲大陆自由贸易区协议》(The Agreement Establishing the African Continental Free Trade Area, AfCFTA协议),非洲大陆自由贸易区开始得以推进。2019年4月,累计有22个签署国批准通过AfCFTA协议,达到协议生效门槛数。2019年5月30日开始,AfCFTA生效。截至2020年5月6日,AfCFTA已有30个签署国批准(UNCTAD, 2020b)。若非洲联盟55个成员全部签署协议,将形成一个覆盖12亿人口的自贸区,以人口和成员数量看,这将是WTO成立以来全球最大的自贸区。非洲大陆自由贸易协议谈判将分两个阶段,第一阶段是关于货物、服务贸易自由化谈判及建立其争端解决机制;第二阶段将涵盖投资、竞争政策和知识产权等议题。

2019年4月,在东盟经济部长会议上,各成员国部长签署东盟全面投资协议第四议定书。第四议定书修改了东盟综合投资协议(ASEAN Comprehensive Investment Agreement, ACIA)和东盟(ASEAN)服务贸易协定,其中ACIA增加了限制各国对投资者采取业绩要求的义务。2019年,以东盟为重要主体的区域全面经济伙伴关系协定(Regional Comprehensive Economic Partnership, RCEP)谈判获得实质性进展,并于2020年11月15日签署,该协议拟涵盖20章,其中包括投资专章。

(六) COVID-19疫情严重影响投资协议签署进度

国际投资协议谈判需要各国政府官员跨国协商,而各国国内也要按照既定程序咨询相关机构,COVID-19疫情暴发使这些活动受到极大限制。根据2020年4月UNCTAD发布的报告(UNCTAD, 2020a),许多双边投资协议和涵盖投资规则的贸易协议谈判因疫情而延期,例如巴西—尼日利亚BIT、非洲大陆自由贸易协议的新投资议定书(New Investment Protocol of the African Continental FTA)以及欧盟—英国自由贸易协议等,联合国国际贸易委员会(UNCITRAL)关于投资争端解决机制改革的会议也因故延迟。从数据上看,2020年前3个月,全球仅签署2个国际投资协议,相比之下,2019年第1季度共签署了10个国际投资协议,这表明疫情对投资协议谈判和签署进程的影响。在目前疫情全球大蔓延背景下,2020年国际投资协议签署数可能创下新低。

第二节　投资争端仲裁案件概况

投资者东道国争端解决机制是国际投资规则执行力和法律约束力的重要保障。2000年以来,全球投资仲裁案件数持续增加,到2019年底,公开的案件积累数已超过1 023件。投资争端仲裁案件的国家和投资者分布、诉请所援引的主要协议和主要条款、投资者所在行业等方面都呈现出一定的集中性。许多投资仲裁案件争议成为国际投资规则改革的重要动因。持续关注当前投资争端案件现状和发展,有助于了解国际投资规则实际影响和未来改革动向。本节根据UNCTAD相关报告和数据,总结当前投资仲裁案件概况。

一、投资仲裁案件数量和分布概况

（一）基于国际投资协议的投资者国家争端案件持续增加

2000年后,基于国际投资协议(IIA)的投资者东道国投资仲裁案件(ISDS)持续增加。2011年以来,每年新增ISDS案件数都在50件以上,特别是2015—2018年,争端案件数量都在70件以上(图3-3)。从公开已知案件数看,2019年基于IIA的新增投资争端案件共55件。截至2019年12月底,ISDS数量已达到1 023件。[①]

[①] UNCTAD投资争端案件数据库涵盖基于国际投资协议的投资者东道国投资争端案件,且为公开的案件,不包括投资者与东道国政府投资合同的争端,也不包括将诉诸仲裁但未启动仲裁程序的投资争端案件。由于信息公开具有滞后性,UNCTAD投资争端案件数据库各年争端案件数常发生调整。数据库网址:http://investmentpolicyhub.unctad.org/ISDS/。

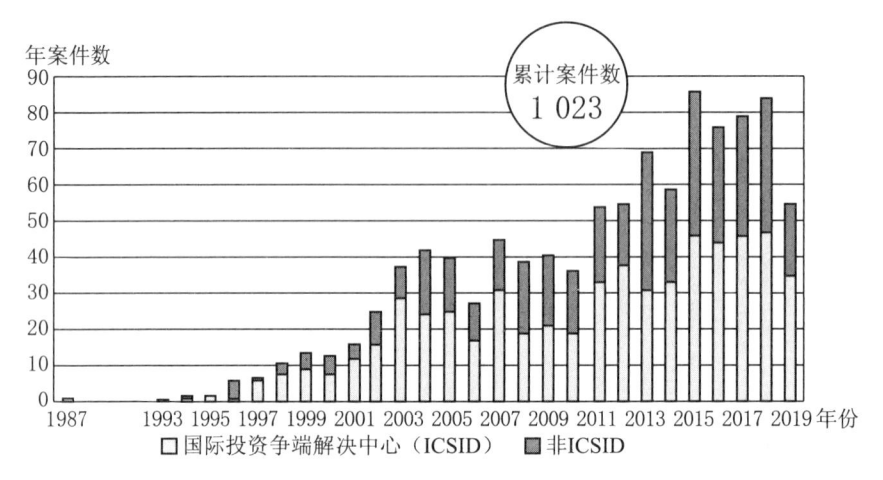

图 3-3 1987—2019 年全球投资者东道国争端案件数

• 数据来源：UNCTAD(2020b)。

（二）投资争端案件的分布概况

（1）投资者母国集中于发达国家，被诉国主要为发展中国家和转型国家。从申诉投资者母国看，ISDS 案件申诉投资者母国主要来自发达国家，分布相当集中。2019 年 55 个新增案件中，70% 案件的投资者来自发达国家，其中英国、美国并列第一，其投资者均提起了 7 个仲裁案件。从历年累计案件看，来自美国、荷兰、英国等国家的投资者提起的仲裁案件最多。

从被诉国分布看。被诉国主要为发展中国家和转型国家，但一些发达国家也常成为被诉方。截至 2019 年底，共有 120 个经济体和一个经济集团(欧盟)成为 ISDS 案件的被诉方。2019 年，在已知新增的 55 个案件中，共有 36 个国家和一个经济集团即欧盟成为被诉方，其中哥伦比亚、墨西哥和西班牙均有 3 个案件，被诉案件数并列第一。类似于之前的年份，2019 年约 80% 案件的被诉国为发展中国家和转型经济体。

（2）行业分布上，ISDS 案件集中于若干服务部门。截至 2019 年 7 月底,983个案件中,服务业共692个(占64%),第一产业和第二产业案件分别191个和137个(图3-4)。①服务业的692个案件中,电力和天然气供应、建筑业和金融服务保险等行业案件较多,例如电力天然气供应累计177个案件,案件较多的其他一些子行业包括建筑业(累计99个案件)、金融服务和保险业(95件)、信息通信业(69件)和房地产业(42件)。

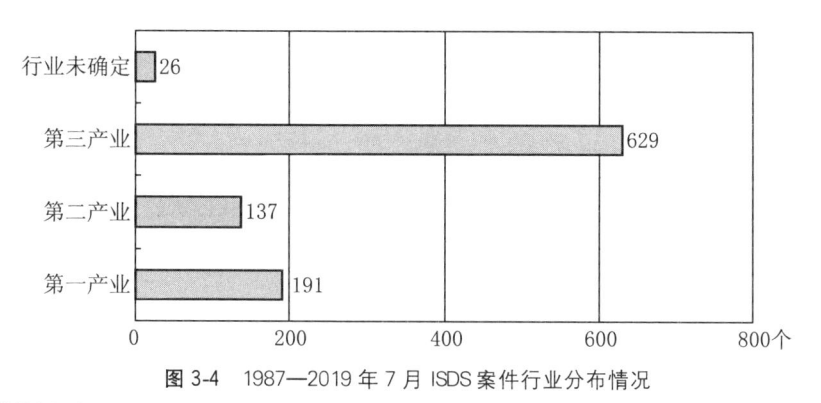

行业	案件数
行业未确定	26
第三产业	629
第二产业	137
第一产业	191

图3-4　1987—2019年7月ISDS案件行业分布情况

• 数据来源:根据UNCTAD "Investment Dispute Settlement Navigator"。

(3)投资协议和条款具有集中性。截至2019年底,依据《能源宪章条约》和《北美自由贸易协定》(NAFTA)而提请仲裁的争端案件最多,其中依据《能源宪章条约》的案件累计128件,依据《北美自由贸易协定》的案件共有67件,二者约占所有案件20%。2019年新增案件中,70%以上案件依据20世纪90年代及之前年份签署的投资协议。2019年申诉依据最多的协议为《能源宪章条约》(7件),其次为NAFTA(3件)(UNCTAD,2020b)。除了投资协议具有集中性外,投资仲裁案件所援引的条款也具有集中性,多数投资争端案件申述会援引公平公正待遇条款(FET)、间接征收等条款。

二、裁决结果概况

一方面,裁决结果以支持东道国为主。从已裁决案件数看,裁决结果

---

① 根据UNCTAD Investment Dispute Settlement Navigator数据库,约26个案件未能确定经济行业部门。

支持东道国比例高于支持投资者的比例。1987—2019 年,1 023 个 ISDS 案件中,343 个案件有待裁决(约占 1/3),674 个案件已结案。674 个结案案件中,29%的案件(198 件)裁决投资者胜诉,2%的案件(14 件)虽裁定东道国有责任但未裁定赔偿,约 37%案件(246 件)裁定有利于东道国(包括因管辖权撤回的案件),22%(139 件)的案件和解(图 3-5)。

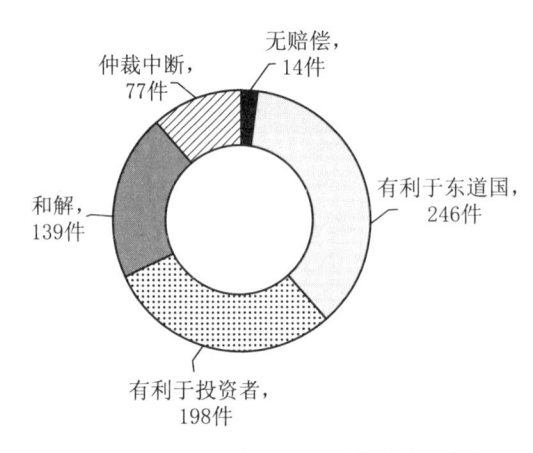

图 3-5　1987—2019 年 ISDS 案件裁决结果分布图

• 资料来源:UNCTAD Investment Dispute Settlement Navigation, https://investmentpolicy.unctad.org/investment-dispute-settlement。

另一方面,从实质裁决结果看,更高比例的裁决结果有利于投资者。在支持东道国的案件中,大约一半是基于仲裁庭无管辖权而撤案。若将这类案件排除在外,从进入实质裁决比例看,大约 61%的裁决有利于投资者。①

第三节　全球投资规则改革新动向和主要挑战

国际投资规则经过近 70 年运行,对全球投资起到重要的保护和促

---

① 根据 UNCTAD,案件实质裁决排除的案件包括:因管辖权撤回的案件、和解、其他原因中断以及无裁定要求赔偿的裁决。

进作用,但投资者国家争端案件不断增加,国际投资规则体系呈现碎片化情况,投资协议的法律不确定性和难以预见性日益严重,投资协议和投资仲裁对许多国家的国内监管政策造成较大影响,投资仲裁的合法性危机问题更加突出。无论是对发展中国家还是发达国家,改革国际投资规则体系已成共识。目前在实体规则和争端解决机制方面,改革呈现出一些共同趋势和动向,本节总结当前国际投资体系改革的新动向和面临的主要挑战。

一、全球投资规则改革新动向

(一) 关于国际投资政策制定原则的多边共识正逐步形成

2016年,G20杭州峰会发布全球国际投资政策制定指导原则(G20 Guiding Principles for Global Investment Policymaking),在G20层面形成了国际投资政策制定的共识(詹晓宁,2017)。2017年,非加太经济集团(涵盖79个经济体)也共同发布其投资政策制定原则(ACP Guiding Principles for Investment Policymaking)。2018年,57个来自伊斯兰组织(Organization of Islamic Cooperation, OIC)的成员国同意10项投资政策原则。上述G20、ACP以及OIC发布的国际投资政策制定原则起草过程,都得了UNCTAD和OECD等国际组织的协助,基本上采用了UNCTAD可持续投资政策框架中的主张。这些共识认为投资政策的总体目标为实现可持续发展和包容性增长,而投资政策制定原则包括投资开放和避免保护主义、投资和投资者利益保护、提高透明度、保持国内监管政策空间、促进企业责任以及投资促进和便利化等方面。

虽然大部分国家在投资政策原则上形成了一定共识,但这些原则下的具体政策和规则选择十分广泛和多元化,基于这些原则的具体条款和争端解决机制设计还要进一步明确,国际社会要通过合作,推行和落实已达成共识的投资政策原则。

(二) 新一代投资规则以可持续发展为导向

UNCTAD 可持续发展为导向的国际投资框架将国际投资规则改革总结为五大领域,包括保护国内监管权、改革投资争端解决机制、投资促进和便利化、确保责任投资以及提升投资规则和其他法律体系之间的协同协调性(UNCTAD,2018)。

第一个领域为国内监管权保护领域,改革要在投资保护和国内监管权之间取得新的平衡,以更好实现可持续发展目标。为便于论述,UNCTAD 将大部分实体规则改革纳入该领域,而另外单独论述程序规则。①

第二个领域是争端解决机制。投资者国家争端解决机制改革是国际投资制度改革的核心,目前许多经济体已实质推动该改革,多边层次改革正在推进中,下文将详述争端解决机制改革动向。

第三个改革领域是增加投资促进和便利化相关条款。近年签署的国际投资协议包括了更多与投资促进和便利化相关的条款,如要求设立专门委员会承担投资便利化促进的任务,或在区域贸易协议声明中包括共同促进投资的目标。2016 年 UNCTAD 发起的《投资便利化全球行动》得到了许多国家的支持,被视为投资便利化政策的重要参考。2017 年于厦门举行的金砖国家领导人峰会上的成果之一,即金砖国家投资便利化纲要(Outlines for BRICS Investment Facilitation),就以此全球行动为参考。

第四个改革领域是促进责任投资。责任投资旨在增加投资对社会的正向效应,减少对环境、人权、公共卫生等方面产生负面效应。过去传统 IIA 通常没有对投资者提出义务和责任要求,但新一代投资协议正在改变这种做法。新一代 IIA 要求投资者遵从东道国国内法、要求投资者为损害东道国公众健康或环境的行为承担法律责任,或鼓励投资者遵

---

① 当程序规则具有强的法律约束时,实体规则对国内监管权的影响将更大。因此严格意义而言,程序规则也影响国内监管权和投资者保护之间平衡。

循国际认可的社会责任或其他相关标准。

第五个改革领域是增加投资规则和其他相关法律法规的系统协调性,主要包括三大方面:一是增加一国投资协议体系的内部一致性;二是促进国际投资协定和国内法之间的协同;三是增加国际投资协定和其他投资相关国际规范之间的协调。

从近年签署的国际投资协议看,越来越多协议包括了UNCTAD所定义的可持续发展框架下的投资条款特征,例如具有重要影响的欧盟的一些协议均包括了若干可持续发展为导向的相关条款。

(三)老一代协议现代化改革正在推进

近十几年以来,投资仲裁案不断增加,且多数投资仲裁案依据老一代协议,许多经济体迫切需要推动老一代协议的现代化改革。从现行国际投资体系数量看,2011年之前签署的协议数量占90%以上,这意味着老一代协议现代化改革仍要持续相当长时间。

UNCTAD总结老一代协议现代化改革包括十大选项(见图3-6)。各改革选项并非互相排斥,各经济体可以同时推进若干改革选项。这十大现代化改革选项包括:联合解释协定条款、修订部分协议条款、重新谈判签署新协议以替代旧协议、以区域化协议合并取代旧协议、通过特

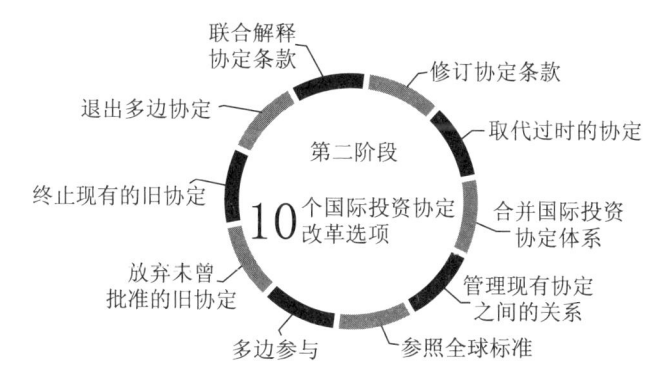

图3-6 老一代国际投资协定现代化的十大选项

• 资料来源:UNCTAD(2019b)。

别条款明确重叠协议之间的关系、增加参照多边认可全球标准的条款、参与多边层次改革、放弃久未批准的旧协议、终止旧协议以及退出多边协议等。

所有改革选项有利有弊,例如重新谈判签署新协议比联合解释特定条款的改革更具全面性,但重签谈判成本较高;退出华盛顿公约能减少政府被诉风险,但与此同时降低了外国投资者对该国投资政策稳定性预期,该国企业海外投资利益保护也失去了重要的救济渠道。因此,各国需要权衡不同改革选项的谈判成本、改革力度、改革后对国内投资环境以及本国海外投资利益保护力度等方面的影响。近年许多经济体采取不同的现代化改革方案组合,老一代国际投资协定现代化改革正在推进,但由于老一代协议存量较大,改革要延续相当长时间。

(四)投资争端解决机制改革是核心议题

投资者东道国争端解决机制(ISDS)是国际投资体系改革的核心,近年投资争端解决机制改革已取得一些实质性进展。根据改革力度大小,ISDS改革大致分为三大类(表3-1)。一是在现行框架下改善仲裁范围和程序,包括提高仲裁透明度、限制可诉范围、改革仲裁员任命机制以及将当地法律救济纳入前置条件等。相对而言,这类改革对现有机制的改动较小。目前许多投资贸易协议采取该类型,包括美加墨协议中美国和墨西哥的ISDS安排。二是在现行ISDS制度下增加新的机制,如增加上诉机制(Appeals Facility),上诉机制有权对仲裁案件的实体性问题进行审查,或在启动仲裁前鼓励使用替代性争端机制(Alternative Dispute Resolution, ADR)。替代性争端解决机制包括国内的争端预防机制和纠纷解决程序,或在国际层面增加调解程序。替代性争端解决机制有助于双方(投资者和东道国)在进入正式仲裁程序前协商解决争端,避免仲裁程序影响双方未来合作。三是改革力度较大的选项,包括建立常设国际投资法庭、用国与国争端解决机制(SSDS)代替ISDS以及用国内司法程序替代 ISDS 等改革选项。[①]目前欧盟是国际投资法庭改革的主要推动力量。

表 3-1 投资者东道国争端解决机制的主要改革选项

改革类型	改 革 选 项	涵盖的主要内容
A. 现行框架下改革：改变较少，双边谈判即可达成	(1) 改善仲裁程序	改革仲裁透明度、仲裁员任命机制、仲裁费用承担制度等
	(2) 限制投资仲裁程序对投资者的可及性	限制可诉诸 ISDS 的条款范围、特定行业或具体政策领域，避免投资者滥用投资协定；限制可诉期等
	(3) 建立筛选机制，将敏感事项诉诸国与国争端解决机制	当双方认定争端涉及特定领域时（如金融审慎例外），ISDS 程序暂停，直至 SSDS 产生相关决议，而 ISDS 要依据 SSDS 的决议进行裁决
	(4) 增加当地法律救济程序	在诉诸 ISDS 之前要求首先使用当地法律救济
B. 增加新的机制	(1) 建立有效的替代性投资争端解决机制	在启动国际投资仲裁之前促进使用替代性投资争端解决机制
	(2) 增加上诉便利制度	改革目前 ICSID 裁决撤销制度审查范围不包括实体性问题的情况，提升裁决一致性
C. 替代现行投资者东道国仲裁机制	(1) 建立常设国际投资法庭	用常设国际投资法庭代替现有临时仲裁庭机制，增加投资仲裁的合法性和裁决的一致性
	(2) 用国与国争端解决机制（SSDS）替代 ISDS	放弃 ISDS，采用 SSDS
	(3) 用国内争端解决程序替代 ISDS	放弃 ISDS，用国内争端解决机制

• 资料来源：笔者在 UNCTAD(2018)基础上修改。

目前，多边机构和许多经济体都在推进 ISDS 改革。联合国国际贸易委员会（UNCITRAL）正积极推进多边改革。2017 年 7 月，UNCITRAL 第 50 次委员会会议决定，授权第三工作组讨论投资者与国家间争端解决机制的现存问题、改革必要性和潜在的改革方案。许多经济体已提交了改革意见，中国于 2019 年 7 月提交了改革意见书。[②]另外，2017 年 10 月，《毛里求斯透明度公约》获得三个国家批准而正式生

[①] 这里的 SSDS 替代 ISDS、国内法律救济替代 ISDS 改革选项实际上放弃了 ISDS，与第二类改革中将部分议题诉诸 SSDS、将国内救济作为诉诸 ISDS 之前的前提的改革选项不同。
[②] 《投资人与国家间争端解决制度可能的改革——中国政府提交的意见书》，https://uncitral.un.org/zh/working_groups/3/investor-state。

效,该《公约》主要对《透明度规则》的适用做出进一步规定。[①]截至2019年底,该公约共有签署国23个,批准国5个。[②]2020年5月,UNCITRAL等发布了仲裁员行为准则草案,该行为准则旨在保证仲裁员独立性和公正性。

不同经济体选择不同的ISDS改革选项,一般较少采用完全放弃ISDS和保持原状这两个选项,多数选择改善ISDS的做法,即在当前ISDS框架下推进改革,一些国家因签署对象不同而采用不同的立场和主张。美国倾向于改善ISDS,如提高仲裁透明度、限制可诉范围等。美国在"美加墨协议"中的立场因签署方而异,即允许加拿大退出ISDS,但与墨西哥仍维持ISDS。一些国家立场的表现也不一贯,如加拿大在部分协议中仍使用ISDS,而由于在北美自由贸易协议(NAFTA)下,加拿大备受美国企业提诉,加拿大在"美加墨协议"中则完全放弃ISDS。发展中国家的态度也存在较大差异,如巴西倾向于放弃ISDS,而印度倾向于采用"限制仲裁范围"的改革选项。

欧盟正积极推进其多边投资法庭改革,但也面临不少现实挑战。欧盟在其最近签署的《欧盟加拿大全面经济与贸易协议》(CETA)、《欧盟越南协议》以及《欧盟新加坡投资保护协议》中已采取了两审终审的投资法庭制度(Investment Court System,ICS)。ICS分为初审法庭和上诉法庭,ICS对法官任命方式、法官任职要求和道德规范予以严格规定。但ICS以协议为基础,为双边性安排,随着协议的增多,这种常设机构将面临人才库有限、经费承担等现实上的困境,且以大量协议为基础所组成的各类ICS将更加复杂。为此,欧盟仅将ICS作为过渡制度,其目标是要建立多边投资法院(Multilateral Investment Court,MIC)。欧盟在

---

① 《毛里求斯透明度公约》又称为《联合国投资者与国家间基于条约仲裁透明度条约》(United Nations Convention on Transparency in Treaty-based Investor-State Arbitration),主要是对《透明度规则》的适用做出进一步规定。《透明度规则》2014年4月1日正式生效。《透明度规则》是一套程序规则,规范如何向公众提供关于投资条约下所发生投资人与国家间仲裁的信息。
② 根据UNCITRAL信息,https://uncitral.un.org/en/texts/arbitration/conventions/transparency/status。

许多文件中提出关于 MIC 制度设计框架,包括法官资格、选任程序等方面,在 UNCITRAL 关于 ISDS 改革建议中也提出 MIC 主张。最终 MIC 制度架构有待于各方谈判。MIC 如何多边推进、其与现存 IIA 关系如何处理以及投资者无法任命法官等问题等都是未来推进该项主张的挑战(邓婷婷,2019)。

二、改革面临的主要挑战

经过 70 多年运行,当前国际投资规则体系正处于反思、回顾和改革的重要阶段。许多重要经济体和区域在投资政策制定方面达成了原则性共识,但在具体改革选项上仍有诸多分歧,国际投资规则体系改革仍面临相当多的挑战。

(一)国际投资规则改革碎片化,难以系统推进

无论在实体规则还是程序规则方面的改革都有不同选项。实体规则方面,虽然各界一致认为某些具体条款需要予以改革,如公平公正待遇条款、间接征收条款、保护伞条款,但各条款改革选项多且差异大。一些经济体删除具有争议性的条款,一些经济体则选择采用进一步精确化、明确化的做法。在争端解决机制方面,各经济体也持有不同的立场和主张。多样化改革选项使得各经济体能根据自身发展阶段选择适合的条款,保持改革的弹性化和多样化,但这也使得投资规则改革本身具有碎片化问题,改革后的国际投资体系仍呈现碎片化和系统复杂性问题。另外,若投资争端多边化改革未取得实质进展,争端解决机制的碎片化和差异化将进一步复杂化国际投资规则体系。

(二)多边层级改革推进力度和范围有限

多边层次推进改革被视为最有效率、最能解决碎片化问题的方式。但目前在多边层次上推进投资规则改革的力度有限,多边进展主要集中于投资争端解决机制,实体规则改革缺乏多边推进机制。各国很难在多边层次上就投资协议条款的细节设计达成共识,而仅在国际投资政策制

定的原则性问题、软法规则如投资便利化和责任投资等方面达成共识。

(三)投资规则制定和利用存在明显的南北差距

虽然近年来发展中国家,特别是新兴经济体对外投资大幅增长,但发展中经济体在规则制定能力、跨国企业利用投资协议能力以及政府应诉能力等方面仍与发达国家存在较大差距。此外,高标准投资规则对发展中国家和发达国家的影响具有相当高的不对称性。

首先,在国际投资规则制定方面,发展中国家依然是规则接受者(rule-taker),而主要发达经济体是规则制定者(rule-maker)。Alschner等(2016)对投资规则文本进行分析,结果显示,各国自身投资协议文本内容的一致性程度因其经济发展水平而异。换言之,越是经济发展水平高的经济体,越有能力保持其投资协议文本的一致性,而发展水平相对较低的经济体,谈判地位处于弱势,投资文本因谈判方不同而发生不同变化。

其次,南北国家在执行法律能力存在差距,这种能力差距短期内较难改变。发达经济体立法及执行能力远高于发展中经济体,使其更能娴熟地利用国内立法迂回保护国内产业和国内先进技术。近年许多发达经济体以国家安全审查为由,对外国投资特别是来自新兴经济体的外国投资进行扩大化的国家安全审查。对这类实践,发展中国家经济体几乎无法利用投资规则保护其海外投资利益。在投资规则运用上,从投资仲裁案例分布看,发达经济体的投资者是目前投资协议的主要利用者,而发展中国家为投资仲裁的主要被诉国。

最后,投资规则对国内政策的影响也存在明显的南北差距。发达经济体国内法治已相对完善,发展中国家还处于法律建设阶段,投资相关制度变化要远高于发达经济体。这意味着发展中经济体国内制度改革更有可能受到国际投资规则的约束。

总而言之,从投资规则制定、利用、实践能力和国际投资规则对国内改革约束程度等看,南北国家差异明显。再加上发展阶段不同,各国对投资协议的立场和主张差异较大,投资规则多边化和体系化改革面临南北国家利益分歧的挑战。

(四)综合性区域贸易协议横向规则的影响具有较大不确定性

传统双边投资协议聚焦于投资保护,美式投资协议则倾向于自由化,而越来越多区域经过一体化过程后,双边投资协议被综合性贸易协议所取代,这类协议不仅包括类似 BIT 的投资章,且投资章包括投资自由化条款,另外还包括其他相关的横向规则,如数字贸易、知识产权、竞争中立和国有企业规则。这类规则和投资自由化规则之间可能互相作用而产生影响,而这类综合性协议相对较新,其对国内政策制度的影响尚需实践案例积累。换言之,这类综合性贸易协议所产生的影响具有较大不确定性,特别是对立法和执法尚不够完善的发展中国家。

(五)特朗普政府单边主义使全球投资规则改革前景不明

无论是国际投资还是国际贸易规则,其建立和发展都是"二战"后国际自由经济秩序的一部分,以规则为基础的国际经济秩序是西方各国对外经贸政策的重要原则。特朗普上台后,美国政府推进"美国利益至上"的单边主义和孤立主义的政策,使得以规则为基础的国际经济秩序发展受到重大挫折。尽管美国贸易政策可能因美国国内政治形势改变而转向,但短期内,各国对国际经贸规则的信心难以恢复。在国际投资经贸规则不再稳定运行的背景下,各国经济民族主义情绪不断上升,这将对全球经贸体系的多边主义进程造成负面影响,使本就面临各类挑战的国际投资规则的多边化和体系化改革前景将更加黯淡。

第四章
中国对外直接投资——美国篇

本章在简要介绍了美国宏观经济发展情况、投资环境和疫情影响的基础上,重点分析了近年来中国企业在美国的投资情况。尽管特朗普政府上台以来,美国政府的政策不确定性增加,单边主义倾向增强,但是相对而言,美国仍然是中国企业海外投资的主要目的地,吸引了大量中资企业。在美中资企业在获得自身发展的同时,也为美国当地社区创造了大量就业岗位,客观上促进了世界经济的开放发展。

第一节 美国的投资环境

美国是世界上最具竞争力的经济体之一,商业发达,金融系统完善,拥有世界最大的市场和良好的营商环境。美国是全球创新的中心,拥有强大的创新实力,众多高素质的劳动力是美国经济增长和创新的重要保障。健全的知识产权保护制度有效维护了创新者的权益,极大激发了创新者的热情。美国每年吸收了大量外国直接投资,是最大的外资流入国,同时也是众多大型跨国公司总部所在地。

美国是世界上最具竞争力的经济体之一,拥有强大的创新实力、充满活力的商业、庞大的国内市场和发达的金融系统。2018年,美国吸收外国直接投资约3 191亿美元,为最大外资流入国,受跨国公司利润回流影响,美国对海外直接投资总额下滑623亿美元,至5.95万亿美元。

美国拥有世界最大的市场。截至2019年12月,美国拥有约3.30亿人口。2018年美国GDP为20.5万亿美元,人均GDP为59 532美元,实际国内生产总值增长率为 2.9%,通货膨胀率为 1.9%。美国的家庭消费市场占全球总量的四分之一。此外,美国还与 20 个国家(地区)签订了双边或区域自由贸易协定,外国投资者可借此进入其他国家市场。①

美国是全球创新的中心,据美国国家科学基金会最新数据,2018 财年,美国联邦研发经费达 1 512.44 亿美元,同比增长 2%。另据诺贝尔基金会统计,自 2000 年以来,美国在科学领域获得的诺贝尔奖数量超过了其他所有国家的总和,45% 的诺贝尔化学、医学、物理奖得主在美国从事其获奖领域的研究工作。每年美国收到的专利申请数量超过全世界其余国家和地区申请数量的总和。在《商业周刊》评出的全球最大 100 家 IT 公司中,有 45 家美国公司,排名前十的 IT 公司中,有五家美国公司。

美国非常重视知识产权保护。世界其他国家研发人员来美国进行研发并将其创新成果商业化。美国提供强大的知识产权保护和实施制度。2018 年,由美国专利局授予的 30.9 万项专利中,有 54% 的专利申请来自国外。②

美国拥有高素质的劳动力。美国的劳动生产率水平比 OECD 成员的平均水平高 30%。完善发达的教育体系为培养高素质人才提供了有力保障。据 2019 年全球大学排名,世界最好的 10 所大学中前 4 名均在美国。美国共有 4 000 余所大专院校。已有 5 600 万美国人获得学士及以上学位。此外,美国的研究机构还招收 50 多万国际学生,约占全球国际学生总数的四分之一。很多社区学院还为在本地的外国投资者提供量体裁衣式的培训。除了巨额的学位教育投入之外,联邦政府还投入数百亿美元用于劳动力的培训,而地方政府也有相应的投入。

---

① Select USA. https://www.selectusa.gov/welcome, 2020-3-7.
② 商务部.2019 年对外投资合作国别(地区)指南—美国.http://fec.mofcom.gov.cn/article/gbdqzn/#, 2020-4-7.

世界银行2019年发布的《全球营商环境报告2020》显示,美国在全球190多个经济体中排第6位。世界经济论坛2019年公布的《2019年全球竞争力报告》显示,美国在141个经济体中,排第2位,比2018年排名下降一位。

第二节　新冠肺炎疫情暴发对美国宏观经济的影响

美国拥有发达的公共卫生体系,先进的医疗技术水平和世界第一的经济实力,然而新冠肺炎累计确诊病例数和死亡病例数却超过全球大多数国家。[①]这引发了人们对美国疫情防控政策的深刻反思。造成这一后果的原因是多方面的,美国民众对疫情的防控意识淡薄、公共卫生投资不足,以及部分政客将疫情"政治化"导致疫情防控工作协调机制不畅等都加剧了疫情的蔓延。[②]

随着新冠肺炎疫情在美国的蔓延,美国总统特朗普于2020年3月13日宣布美国进入"国家紧急状态",随后又于3月16日颁布了为期15天的"社交距离防疫建议",要求居民在接下来的15天内,尽量选择远程办公和教学方式,避免10人以上的聚集活动,避免不必要的旅行、购物和社交访问,避免在酒吧、餐厅和美食广场等公共场所饮食。即便如此,无论是累计或是新增确诊病例均快速增加。据美国约翰斯·霍普金斯大学发布的全球新冠肺炎数据实时统计系统,截至美国东部时间2020年8月17日晚6时,全美共报告新冠肺炎确诊5 425 545例,死亡170 317例。[③]从3月20日至3月30日,全美共有26个州或地区宣布

[①] 央视新闻客户端.美国疫情为何难控制？专家:将疫情"政治化"是主因,http://m.news.cctv.com/2020/08/16/ARTIGtPacpVHFppxcpthwlQl200816.shtml,2020年8月16日.
[②] 张景全.对美国民众疫情防控意识的思考.人民论坛,2020(17).
[③] 宗赫.确诊已达542万！哈佛大学公卫专家:美国疫情应对在全球主要国家中是最糟的.上观网,https://www.jfdaily.com/news/detail?id=280630,2020年8月18日.

进入"灾难状态",同时已有35个州或地区公布"居家隔离令"或采用类似措辞,覆盖全美超过70%的GDP和人口。在各州颁布的"居家隔离令"中,州政府要求全面停止州内除公共卫生、公共安全和公共服务外的非必要商业活动,并建议居民减少外出。由此造成对美国经济特别是零售消费部门的冲击,并且随着隔离时间越长,经济部门受到的抑制也越大。

为应对疫情对经济的冲击,美国联邦储备委员会2020年3月15日宣布将联邦基金利率目标区间下调1个百分点到0%至0.25%。3月27日特朗普正式签署2.2万亿美元的经济刺激计划。这是美国有史以来规模最大的经济救助法案,达到2019年末美国GDP的10%,是2008年奥巴马政府经济刺激计划规模的3倍。2万亿美元中,约1/4用于救助民众,约1/2用于救助企业,另外1/4用于对政府援助或医疗等补充支出。

疫情已经对美国经济产生诸多不利影响。在消费方面,随着人们出行的减少,酒店、飞机、电影等服务消费走低。

就业方面,美国公布截至3月21日当周初请失业金人数,有评论指出,因采取了严格的措施以遏制新冠肺炎疫情,数据录得328.3万人,远超预期。从历史上看,此前初请数据的最高纪录是1982年的69.5万人,次高值为2008—2009金融危机期间录得的66.5万。而该数据已经远远超过了历史数字。疫情掀起了裁员潮,或将结束美国史上最长的就业繁荣纪录。

在生产和投资方面,在供给与需求双重影响下,美国住房贷款申请数量、交通货运量、制造业指数等均出现下跌。

为了抵消疫情对经济社会的不利影响,美国部分地区采取了积极复工的措施。然而,由于复工的时间过于仓促,而且复工的同时没有及时做好防控工作,导致疫情在6月下旬以来大幅反弹。6月下旬以来,美国新增确诊病例由2万例/天左右飙升至6万例/天以上。特别是佛罗里达、得克萨斯、亚利桑那等南方州的疫情反弹最为严重。随着疫情形势急剧恶化,佛罗里达、得克萨斯等18个州宣布暂停复工计划,亚利桑那、加利福尼亚等6个州撤回部分复工措施。

据美国商务部公布的数据,美国第二季度 GDP 下跌 32.9%,为 20 世纪 40 年代以来最大跌幅。疫情持续扩散或将继续拖累美国经济。高盛预计 2020 年美国 GDP 将下降 6.2%。

第三节 中国对美国直接投资的现状与特点

中国对美国直接投资起步较晚,总量较小,2010 年以来实现了较快增长,但 2018 年下半年开始,美国对华经贸政策发生了一系列重大变化。美国政府将中国定位为"战略竞争者",美国对中资企业抬高投资准入壁垒,实施技术封锁,中美投资关系已经发生了质的变化(李巍,2019)。从进入模式看,中国对美直接投资以并购方式为主,绿地投资占比仍然较少。从行业结构看,中国和美国的国内政策对中资企业在美投资均产生了显著影响。

一、发展趋势

中国对美国直接投资 2010 年以来实现了较快增长,2016 年的投资额比前两年投资之和还要多。但 2017 年中国对美投资增速有所下滑。据中国商务部统计,2018 年当年中国对美国直接投资流量 74.77 亿美元。截至 2018 年末,中国对美国直接投资存量 755.07 亿美元。根据美国中国总商会(CGCC)发布的《2020 年在美中资企业年度商业调查报告》,在中美签署第一阶段经贸协议后,CGCC 会员企业对 2020 年美国市场的预期普遍有所提高。目前 CGCC 全美会员企业 1 000 多家,在美国投资累计超 1 230 亿美元,直接创造工作岗位约 22 万个。近半数受访企业将大部分利润用于在美国再投资;45% 的受访企业有意在未来两年聘用更多人员,表示可能裁员的企业仅4%。[①]从图4-1,可以直观地了解2003—2018年中国对美国直接投资存量和流量发展趋势。

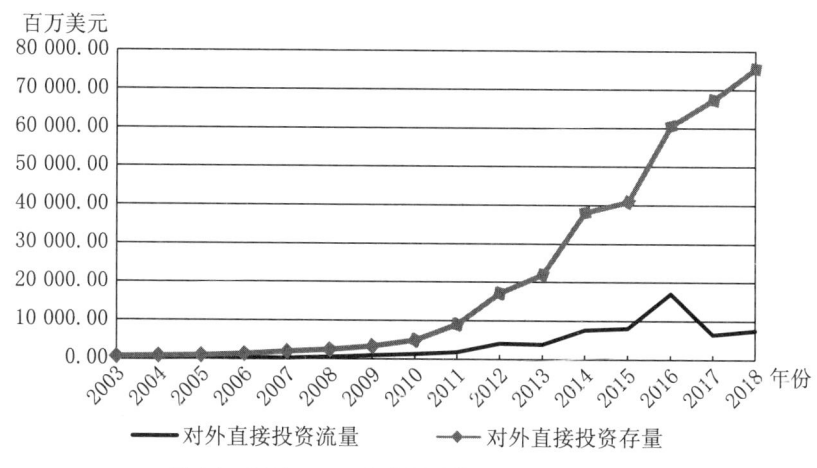

图4-1 2003—2018年中国对美国OFDI流量和存量

• 资料来源:Wind数据库。

二、进入模式

通过并购方式进入美国市场,能够使中资企业便捷地获得美方的商业模式、供应链和技术,因此受到中资企业的欢迎。据美中关系全国委员会和荣鼎集团联合发布的《双行道:中美直接投资报告2019》统计,自1990年以来,中国对美国直接投资的90%以上是以并购方式实现的。2018年金额较大的并购交易有:山东威高集团医用高分子制品股份有限公司以8.5亿美元收购美国医药设备公司Argon;春华资本集团以8亿美元收购了美国教育公司Nobel Learning Communities;上海宏达矿业股份有限公司的参股公司上海宏啸科技有限公司以3亿美元完成了对美国医疗管理企业miVIP Healthcare Holdings, LLC("miVIP")80%股权的收购;哈药集团以3亿美元收购了美国保健品零售商健安喜控股有

---

① 马德林.美国中国总商会举行《2020年在美中资企业年度商业调查报告》线上发布会,中国新闻网,http://www.chinanews.com/gj/2020/08-13/9263531.shtml, 2020年8月13日.

限公司(General Nutrition Centers)。

绿地投资额在中国对美国直接投资总额中占比与并购方式相比仍然较低,2018年的绿地投资额约为10亿美元左右。漳州三利达环保科技有限公司下属美国利美公司(Ecomelida)投资5 200万美元在美国南卡罗来纳州建造一座无菌纸盒回收工厂,预计将为当地带来200个就业岗位。三角轮胎股份有限公司在美国北卡罗来纳州厄齐康县,总投资5.8亿美元,规划建设500万条高性能乘用车子午线轮胎和100万条商用车子午线轮胎,预计两个项目都需要两到三年的时间完成,该工厂的最终用人规模将达到800人。另外,三角轮胎几年之前已在美国俄亥俄州阿克隆市设立了技术中心,其销售公司则位于田纳西州富兰克林市。比亚迪与美国清洁能源融资公司Generate Capital组建合资企业,将比亚迪电动大巴租赁给美国的城市、学校和公司,比亚迪将持有该项目50%的股份,该项目最初投资额为2亿美元。

三、行业结构

美国外国投资委员会(Committee on Foreign Investment in the United States, CFIUS)近年来加强了对与国家安全相关产业的外资并购的审查,这导致中国对美国信息和通信技术行业的对外直接投资显著降低。与此同时,中国政府加强了对境外投资的宏观指导,2017年8月发布了《关于进一步引导和规范境外投资方向指导意见的通知》,加强了对房地产、酒店、影城、娱乐业、体育俱乐部等行业和领域的境外投资的限制,因此中国对美国的相关行业投资也出现明显降低。然而,中国在健康和生物医药行业的投资并未受到上述因素的影响,继续保持了良好的增长态势。2016—2018年各行业的投资态势如表4-1所示。

(1) 信息和通信技术行业、基础设施和运输行业投资受到中美贸易摩擦和美国加强国家安全审查的负面影响。美国外国投资委员会加强了对外资并购的国家安全审查,以及中美贸易摩擦对投资者预期的影

表 4-1　2016—2018 年各行业的投资态势　　　　　　（10 亿美元）

年　　份	2016	2017	2018
农业与食品业	0.1	0.2	0.1
汽车	1	0.6	0.6
航空	<0.1	0.1	<0.1
基础材料、金属与矿物	0.8	0.2	0.4
消费品与服务	5.7	0.1	0.5
电子与电气设备	4.2	0.2	<0.1
能源	<0.1	<0.1	0.1
娱乐、媒体与教育	4.8	0.5	0.8
金融与商务服务	1.9	1.3	0.2
健康、医药和生物科技	1	2.5	1.4
信息和通信技术	3.3	2.7	0.2
机械	0.2	0.1	0.4
房地产和酒店	17.3	11	0.4
运输、建筑和基础设施	6	10.4	0.1

• 数据来源：Thilo 等.双行道：中美直接投资趋势报告 2019.美中全国关系委员会，荣鼎集团，https://rhg.com/research-topic/china/，2020.5：29—31.

响，中国对美国部分行业的投资出现显著下滑。例如，2018 年中国对美国信息和通信技术行业投资只有 2 亿美元，[①]而 2019 年的投资为零。[②]此外，中国对美国基础设施和运输行业的投资也相对较低，仅为 1 亿美元。

（2）房地产行业和酒店业的投资受到一定限制。为了促进企业合理有序开展境外投资活动，防范和应对境外投资风险，中国政府加强了对境外投资的宏观指导。受此影响，2018 年中国对美国房地产和酒店行业的投资仅为 4 亿美元，比前两年有较大下降。

（3）健康和生物科技行业的投资发展较快。2018 年，中国对美国健康和生物科技行业的投资比 2017 年有所下降，但该行业的投资额在所有行业中是最高的，占 2018 年中国对美国投资总额的 27%。

---

① Thilo 等.双行道：中美直接投资趋势报告 2019.美中全国关系委员会，荣鼎集团，https://rhg.com/research-topic/china/，2020.5：29—31.
② AEI. China Global Investment Tracker, https://www.aei.org/asia/，2020-4-2.

(4）教育行业的投资增长较快。春华资本集团以8亿美元收购了美国教育公司 Nobel Learning Communities,使中国对娱乐、媒体和教育行业的投资额仅次于健康和生物科技行业,在2018年所有行业中排在第二位。

（5）美国汽车供应链仍是中资企业投资的重点领域之一。2018年中国对美国汽车行业投资为6亿美元,占2018年中国对美国投资总额的12%,在所有行业中排第三位。2018年的代表性并购案例有:宁波继峰汽车零部件股份有限公司收购美国注塑件龙头企业 Toledo Molding & Die,上海岱美汽车内饰件股份有限公司收购了美国 Motus Integrated Technologies 汽车遮阳板相关资产和业务。

第四节　美国对中国投资开放政策及影响分析

特朗普政府的外资政策反映了美国历来的矛盾心态:一方面要吸引外资刺激就业与经济增长,另一方面又担忧外资会挑战美国国家安全及科技优势。自特朗普上任以来,美国一方面出台了史上最大规模减税法案,积极推动外资流入;另一方面又对 CFIUS 进行立法改革,全面加强了外资监管。减轻税负,旨在增强制造业投资吸引力,振兴国内就业与经济增长;而收紧外资管制,则旨在限制竞争对手对美国敏感行业的投资,维护美国的核心竞争力,二者实质上共同服务于"美国优先"的执政理念。

一、《减税和就业法案》对中资企业的影响

2017年4月26日美国正式公布了税改方案,同年11月17日,美国众议院通过了税改方案,12月2日,美国参议院通过了税改方案。2017年12月22日,特朗普签署了由参议院和众议院协商并通过的最终版本《减税和就业法案》(*Tax Cuts and Job Act*)完成立法程序,并于2018年1月1日开始实施。

《减税和就业法案》对国际资本流动有重大影响的核心内容有：一是将企业所得税税率大幅降低，从35％永久降至21％；二是美国将全球征税体制转变为属地征税体制，对海外子公司股息所得税予以豁免，同时针对跨国公司新增了20％的"执行税"，以限制跨国公司通过与美国之外的分支机构内部交易进行避税；三是降低企业海外利润的一次性征税税率，从原来的35％降至15.5％，从而鼓励美国跨国公司海外利润汇回。①

尽管税收优惠并非驱动全球资本流向的唯一因素，但是作为世界第一大经济体的美国而言，其制度优势和环境优势明显，税收负担是薄弱环节，因此特朗普大规模的降税弥补了其营商环境的不足，将对国际资本流向美国产生较大吸引力，尤其是在短期内（2—3年）将吸引大量的国际资本进入以及引导美国资本回流，相应资本的大量流入又将推动美元升值，美元升值进一步吸引国际资本。相比服务业，制造业尤其是中低端制造业对成本更加敏感，因此，美国大规模降税对引导包括中低端制造业的回归效果将更加突出。从现有国际价值链的分工体系看，欧美日等发达国家占据了制造业中的研发、营销等价值链中高端环节，中国、东南亚国家以及其他发展中国家成为全球制造业的生产加工中心，占据的是制造业的中低端环节。因此，美国大规模降税一方面将会对以德、英、法等为代表的与美国投资环境以及产业结构相近的发达国家产生冲击。另一方面，美国大规模降税通过引导制造业尤其是中低端制造业的回归将对现有的制造业国际价值链分工体系产生冲击，对包括发展中国家的制造业形成较大负面影响。

此次税改将有助于吸引更多中国企业选择投资美国，尤其是汽车零部件、装备制造等面向美国市场的制造业企业。但近年来中国企业对美投资越来越多地涉及先进制造、金融业或高科技产业，伴随着CFIUS安全审查的日趋严格，减税对于吸引中国资本的效果将逐渐递减。

---

① 聂平香.特朗普减税对全球FDI的影响及我国的应对[J].国际贸易,2018(2):10—27.

从长期看，美国个人和公司所得税税率的下调对经济增长的推动作用在长期也很可能被美国政府财政赤字和公共债务增加所产生的抑制作用抵消。税改对美国国际收支状况的影响存在很多不确定性，但美国国际收支状况因此而改善的可能性不大。税改的最大问题可能是美国公共债务状况的恶化。中国作为对美的最大贸易顺差国和美国国债的最大持有国，必须预先做好准备。①

二、《外国投资风险审查现代化法案》对中资企业的影响②

《外国投资风险审查现代化法案》(Foreign Investment Risk Review Modernization Act, FIRRMA)于2018年7月26日在美国众议院获得通过，并于8月1日获得参议院批准，最终于8月13日由特朗普总统签署生效。

FIRRMA主要包含以下几项核心内容：一是扩大了美国外国投资委员会(CFIUS)的管辖范围，二是增强了CFIUS的审查权，三是修订了CFIUS的审查程序。这一轮改革不仅进一步强化了CFIUS的职权范围，还通过改革审查程序，为CFIUS开展审查工作提供了更多便利、时间与资金，这些措施意味着美国的外资审查变得更加严厉。虽然新法案名义上适用于所有国家，但鉴于近年来中国对美投资显著上升，特别是在投资科技类和金融服务类产业方面增长迅速，此次改革针对中国的意图十分明显。这显示出美国的外资政策超越了以往对经济福利与安全风险的单纯考虑，而是纳入了更多的大国博弈因素。

在日趋严格的安全审查之下，中国企业通过并购美国科技企业实现技术进步的路径将面临巨大障碍。

首先，新法案的出台将增加中国企业对美投资的难度与风险。管辖

---

① 余永定.特朗普税改：两减一改、三大新税种和对美国经济的影响[J].国际经济评论，2018，No.135(03)：6，11—27.
② 李巍，赵莉.美国外资审查制度的变迁及其对中国的影响[J].国际展望，2019，11(01)：48—75，163.

范围的扩大意味着许多过去不需要申报的交易也将面临CFIUS的考验，审查时限延长与申报费用则增加了投资者的时间和资金成本，此外，法案对"国家安全""关键技术""关键基础设施"等核心概念的解释依然不够明晰，其中蕴含的自由裁量权使CFIUS可以更轻易地对中国投资施加特别限制。因此，单从法案文本来看，预计中国对美投资会面临更严格、更频繁、更具针对性的审查限制，尤其是在人工智能、虚拟现实、机器人、大数据分析、半导体、金融科技等敏感技术领域，即使中国投资者的资金只占很小部分，而且对公司运营没有发言权，也可能遭受审查甚至惨遭否决。

其次，在中美竞争和贸易摩擦持续不断的背景下，中国对美正常商业投资可能面临更严重的泛政治化障碍。一方面，从美国在国际体系中的整体经济与安全利益来看，为遏制中国的技术赶超与产业升级，由行政部门主导的CFIUS将更频繁地以国家安全之名对中国科技企业实施战略打压。虽然FIRRMA没有明确将中国列为"特别关注国"，但其针对中国的意图已较为明显，而且不排除美国未来联合盟友协同限制中国海外投资的可能。FIRRMA要求美国商务部长在法案生效后到2026年期间，每两年向国会和CFIUS提交一份中国对美投资的分析报告，同时指示CFIUS建立与盟国和伙伴国监管机构的信息共享机制。另一方面，从国内社会分散的特殊利益来看，国会有权对CFIUS的运作进行监督，这为特殊利益影响外资命运提供了制度渠道，某些排斥外来竞争的商业团体或对华鹰派政治人士可以通过游说国会向行政部门施压，迫使后者对特定外资施加限制。

最后，改革更重要的影响在于对交易各方的心理冲击，它所导致的负面预期可能会导致中国对美投资的持续低迷。事实上，此次法案只是将CFIUS在过去两年内的实际操作以法律形式确定下来，在法案颁布前，CFIUS就已经开始对涉及半导体、芯片、数据的交易进行阻挠。因此，法案出台与否对审查通过率影响并不大，但可能会显著提高中国投资者和美国公司对 CFIUS 安全审查的风险成本预期,从而使之对潜在的投资交易望而却步。

三、中美第一阶段经贸协议达成对中资企业的影响

美东时间 2020 年 1 月 15 日,中美双方在美国华盛顿签署了作为第一阶段协议的《中华人民共和国政府和美利坚合众国政府经济贸易协议》,以下简称《协议》。该协议的主要内容包括:序言;第一章,知识产权;第二章,技术转让;第三章,食品和农产品贸易;第四章,金融服务;第五章,宏观经济政策、汇率问题和透明度;第六章,扩大贸易;第七章,双边评估和争端解决;第八章,最终条款。

2020 年 8 月 13 日,商务部部长助理任鸿斌在国新办举行国务院政策例行吹风会上表示,中美签署第一阶段经贸协议以来,中方认真落实协议,有关部门为推动协议执行做了大量工作。新冠肺炎疫情和美国加严对华出口管制等限制措施,对一些商品和服务的进口无疑产生了一定影响。[①]

中美经贸协议对中资企业的影响表现在以下几个方面:一是《协议》确立了技术转让"自愿"原则,使得中方企业凭借市场地位优势与外商合资、合作方式获取技术的路径难以为继。二是《协议》禁止一国支持本国企业针对其产业规划所涉领域,开展"以获取外国技术为目的、导致扭曲的境外直接投资活动",使得以国有企业为实施主体的技术寻求型 OFDI 受到限制。三是《协议》加强了知识产权保护,这将强化外资企业的技术优势,对本土企业自主创新能力提出了更高要求,从而将间接促进本土企业创新能力的提升,进而提高本土企业"走出去"的能力。四是《协议》就开展科技合作达成一致,这有利于中国开放式创新的发展。五是中国承诺扩大金融服务领域市场准入,增加服务进口,这有助于扩大双方在服务领域的投资合作。

[①] 栗翘楚.商务部:中方认真落实中美签署第一阶段经贸协议.人民网-财经频道,http://finance.people.com.cn/n1/2020/0813/c1004-31821600.html, 2020 年 8 月 13 日.

第五章
中国对外投资——欧盟篇

欧盟作为中国长期战略合作伙伴,在2019年"内忧外患"之际,一方面将深化与中国的经济关系作为要务,另一方面采取多种措施保护欧盟市场。受欧盟政府加强对外国直接投资审查和中国加强海外投资监管的双重影响,2019年中国对欧直接投资总额连续第四年小幅下降,其中消费品和服务仍是中国投资者最受欢迎的行业。2020年的Covid-19疫情将深刻影响全球资本流动,包括中国对欧投资;中欧投资协定谈判将在扩大市场开放、加强知识产权保护、外资审查框架等领域进一步进行磋商。

第一节 欧盟经济增长概况

受全球需求不振、贸易纷争不断和英国脱欧不确定性影响,2019年的欧盟经济增长速度有所放缓,主要原因在于:一是在全球贸易环境恶化下欧盟过高的贸易依存度深受影响,尽管法国经济出现边际向好信号,但作为欧盟经济发动机的德国经济依然疲弱,以意大利为代表的高债务南欧成员国也延续弱势。二是需求侧对经济的拉动作用并无显著增强,消费仍是欧盟经济增长的首要引擎,净出口的拉动作用基本保持稳定,但投资对经济的支撑作用明显减弱。三是供给侧对经济的拉动作用出现颓势,2月以来制造业PMI持续位于收缩区间,制造业下行压力加大,并出现向服务业蔓延和向劳动力市场传导的迹象。

一、经济基本面

欧盟 28 国全年增速均为 1.4%,欧元区 19 国全年增速为 1.2%,为各区域 2013 年以来的最低水平。分季度数据如表 5-1 所示,无论是欧元区 19 国,还是欧盟 27 国或欧盟 28 国,均在第四季度表现最差,环比增速仅为 0.1%,同比增速分别为 0.9%、1.2% 和 1.1%。

表 5-1 2019 年欧盟的 GDP 季度增速(季调数据)   (%)

区域划分	较上一季度变化				较 2018 年同一季度变化			
	2019 年第一季度	2019 年第二季度	2019 年第三季度	2019 年第四季度	2019 年第一季度	2019 年第二季度	2019 年第三季度	2019 年第四季度
EU28	0.5	0.2	0.3	0.1	1.7	1.4	1.4	0.9
EU27	0.5	0.2	0.3	0.1	1.6	1.4	1.5	1.2
EA19	0.4	0.2	0.3	0.1	1.4	1.2	1.2	1.1

• 数据来源:欧盟统计局(EUROSTAT)。

较之美国,欧盟数据明显偏弱,具体见图 5-1。2019 年美国 GDP 增速达到 2.3%,其中四个季度的同比增速都在 2.0% 以上。不同于欧盟消费的疲弱态势,占美国经济 70% 的个人消费支出在第四季度依然是拉动经济的主要因素。

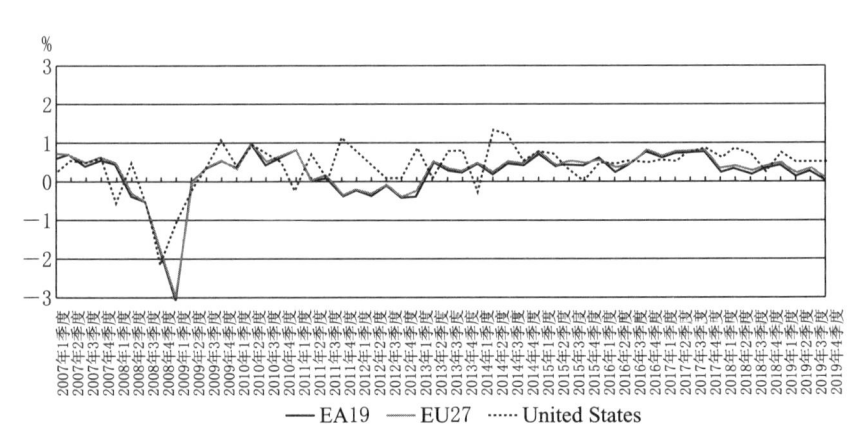

图 5-1 2019 年欧盟和美国的 GDP 增速

• 数据来源:EUROSTAT(较上一季度的百分比变化,基于季调数据)。

具体到各成员国,被称为欧盟经济"三驾马车"的德、法、英3国呈现分化走势。德国全年GDP增速仅为0.6%,创6年新低。法国略好于德国,增速为1.3%;英国为1.4%,高于2018年的1.3%。从全球来看,3国经济增速普遍偏低,不仅低于美国,更低于新兴市场国家。GDP季度增速见表5-2,数据显示第四季度3国经济增长基本处于停滞状态。

表5-2　德、法、英三国GDP季度增速　　　　　　　　　(%)

国家	较上一季度变化				较2018年同一季度变化			
	2019年第一季度	2019年第二季度	2019年第三季度	2019年第四季度	2019年第一季度	2019年第二季度	2019年第三季度	2019年第四季度
德国	0.5	−0.2	0.2	0.0	1.0	0.3	0.6	0.5
法国	0.3	0.4	0.3	−0.1	1.3	1.5	1.4	0.8
英国	0.6	−0.1	0.5	0.0	2.0	1.3	1.2	1.1

• 数据来源:EUROSTAT。

从GDP要素构成来看,前3个季度除欧盟28国第二季度的出口数据呈现负值之外,最终消费、固定资本形成和进出口较之上一季度都呈现正增长,但增幅一般在1%以内;最高增幅为第二季度的固定资本形成,分别达到4.3%和5.7%。从各要素对GDP增长的贡献度来看(具体见图5-2),

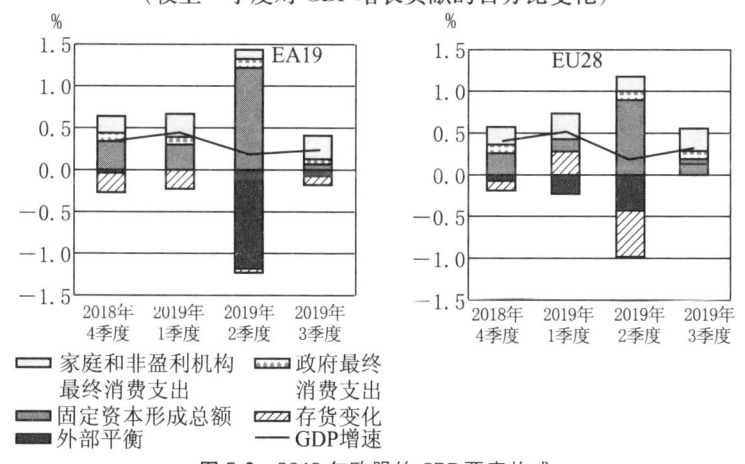

图5-2　2019年欧盟的GDP要素构成

• 数据来源:EUROSTAT。

家庭和非盈利机构最终消费支出在欧盟28国和欧元区19国均为正贡献的0.3%,固定资本形成为正贡献的0.1%。净出口对欧盟28国为正,对欧元区19国为负;存货变化对两个经济区域都是负贡献,欧盟28国为−0.3%,欧元区19国为−0.1%。

从就业情况来看,欧盟28国全年失业率为6.3%,斩获2000年以来最好的就业水平;欧元区19国全年失业率为7.6%,为2008年以来最好数据。表5-3显示了分季度的就业人数增速,无论是同比还是环比,欧盟各区域经济体均保持了正增长。全年来看,欧盟28国和27国就业增速为1.0%,欧元区19国为1.1%。

表5-3 欧盟就业人数的季度增速 (%)

区域划分	较上一季度变化				较2018年同一季度变化			
	2019年第一季度	2019年第二季度	2019年第三季度	2019年第四季度	2019年第一季度	2019年第二季度	2019年第三季度	2019年第四季度
EU28	0.3	0.3	0.0	0.2	1.2	1.0	0.8	0.9
EU27	0.3	0.3	0.1	0.2	1.2	1.0	0.8	0.9
EA19	0.3	0.2	0.1	0.3	1.4	1.2	1.0	1.0

• 数据来源:EUROSTAT。

虽然就业情况不断改善,但欧盟的劳动生产率不容乐观。2013—2018年期间欧盟28国和欧元区19国的劳动生产率季度环比增速基本在1%左右波动,具体见图5-3。但自2018年第四季度下滑以来,欧盟28国劳动生产率的季度增幅一直低于1%的水平,欧元区19国状况更糟,在前两季度呈现负值之后,于第三季度才略有回升。作为反映经济产出和劳动力投入的指标,劳动生产率目前的趋势表明欧盟及欧元区的劳动力资源使用效率在下降,单位劳动力所创造的价值也可能同步下降,经济长期可持续增长的源动力受到了冲击。

从通货膨胀来看,2019年初欧盟通胀率从2%以上大幅回落,第二季度略有上升后再次下降,直至12月欧盟28国和欧元区19国抬升至1.3%,欧盟27国至1.6%。具体到各国,2019年12月数据显示,通胀

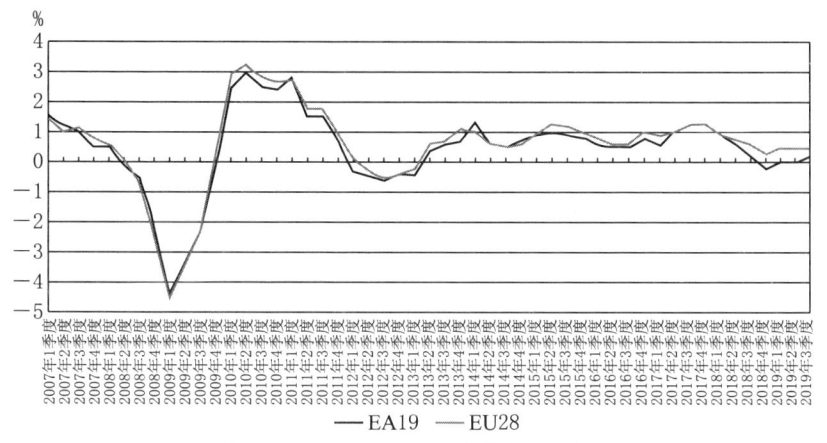

图 5-3　2007—2019 年欧盟的劳动生产率

• 数据来源：EUROSTAT。劳动生产率季度增速(较上年同一季度的百分比变化,基于季调数据)。

图 5-4　2009—2019 年欧盟的通胀率

• 数据来源：EUROSTAT。

率最低的三个国家依次为葡萄牙(0.4%)、意大利(0.5%)和比利时(0.9%),最高的三个国家为匈牙利(4.1%)、罗马尼亚(4.0%)、斯洛伐克和捷克(3.2%)。部分国家通胀显著不及 2% 中期目标的主要原因是深受能源价格的影响,为此可能存在与中长期通胀预期脱锚的风险。

从国际商品贸易来看,欧盟 27 国对外商品进出口额达到 40 670 亿欧元,其中进口额较 2018 年增长了 270 亿欧元,出口额增长了 730 亿欧元,实现贸易顺差 1 970 亿欧元。其中,德国贡献最大,出口额占欧盟 27 国出口总额的 29.6%,进口额占比达 21%。其他出口大国依次为法国(11.6%)、意大利(11.0%)和荷兰(10.3%);进口大国依次为荷兰(17.5%)、法国(10.7%)和意大利(9.5%)。

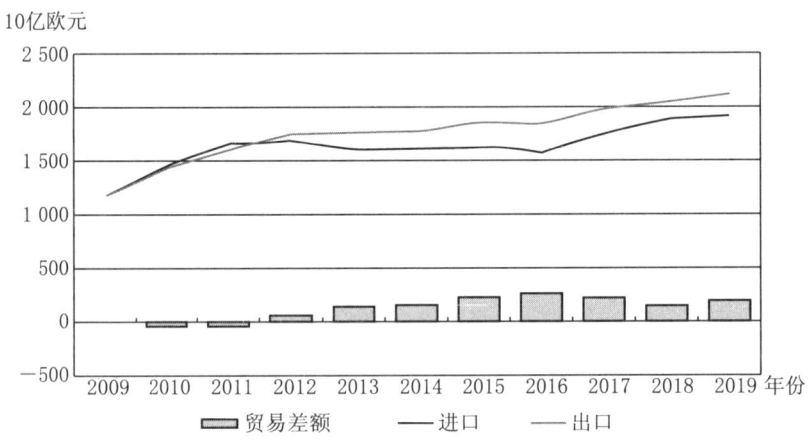

图 5-5　2009—2019 年欧盟 27 国国际商品贸易发展情况

• 资料来源:EUROSTAT。

往后看,2020 年欧盟经济将进入负增长区间。自年初 Covid-19 疫情暴发之后,3 月 17 日,随着黑山宣布发现新冠病例,欧盟所有国家都出现了确诊比例。截至 4 月 12 日,欧盟总确诊比例约占全球病例数的一半,主要疫情国(意大利、德国、西班牙、法国、英国)占全球确诊病例的 37%,具体见图 5-6 和图 5-7。各国经济将受到疫情的较大困扰,如

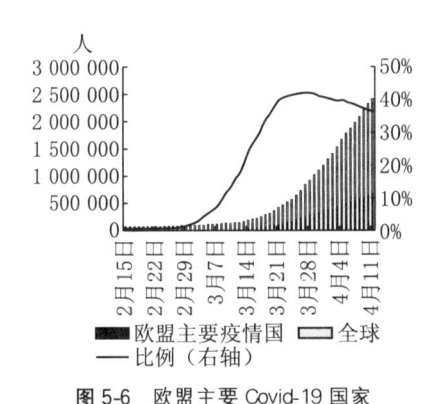

图 5-6　欧盟主要 Covid-19 国家累计确诊占全球比例

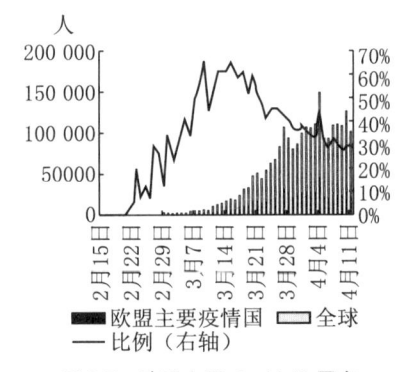

图 5-7　欧盟主要 Covid-19 国家新增确诊占全球比例

• 资料来源:Bloomberg,西部证券研发中心。

德国经济受出口疲弱和疫情影响,2020年一季度表现依旧疲弱;疫情或将导致德国经济面临新的风险,包括制造业开工不足,企业面临交付瓶颈。又如意大利长期内需不足,经济十分脆弱;欧债危机后的经济复苏主要依靠出口,直至2019年还没有恢复到危机前水平,而2020年的Covid-19将使其经济雪上加霜。

从现有公布的经济数据来看,欧盟实体经济已受到广泛影响。2020年2月,欧盟建筑业生产环比下降了1.0%,欧元区下降了1.5%。而1月,欧盟和欧元区的建筑业生产分别增长了4.0%和3.4%,具体见图5-8。

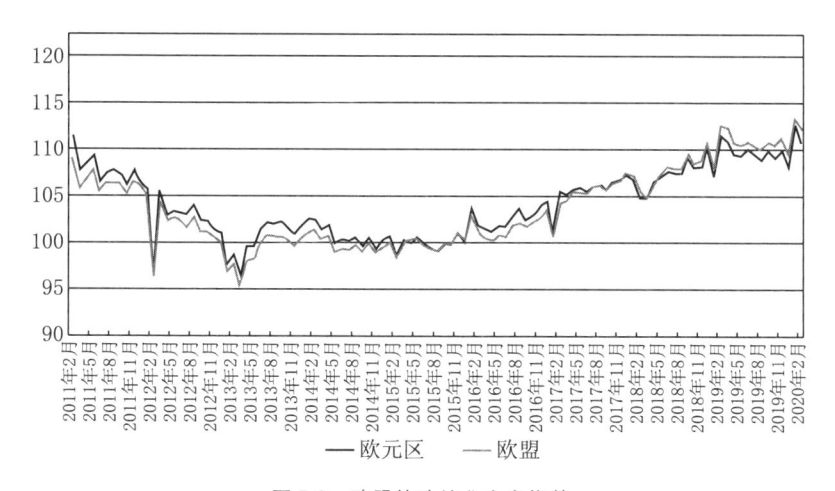

图5-8 欧盟的建筑业生产指数

· 资料来源:EUROSTAT。

2020年2月,欧盟和欧元区工业生产者价格指数均环比下降了0.6%,而在1月两区域均上升了0.2%。较之2019年2月,该指数更是同比大幅下降了1.3%和1.0%。造成指数降低的主要原因是能源产品价格同比下降了6%左右,中间产品价格同比下降了1.2%,具体见图5-9。

根据IMF最新一期《世界经济展望》公布的预测,2020年欧元区GDP增速为－7.5%,其中德国－7.0%,法国－7.2%,意大利－9.1%,西班牙－8.0%。脱欧后的英国为－6.5%。

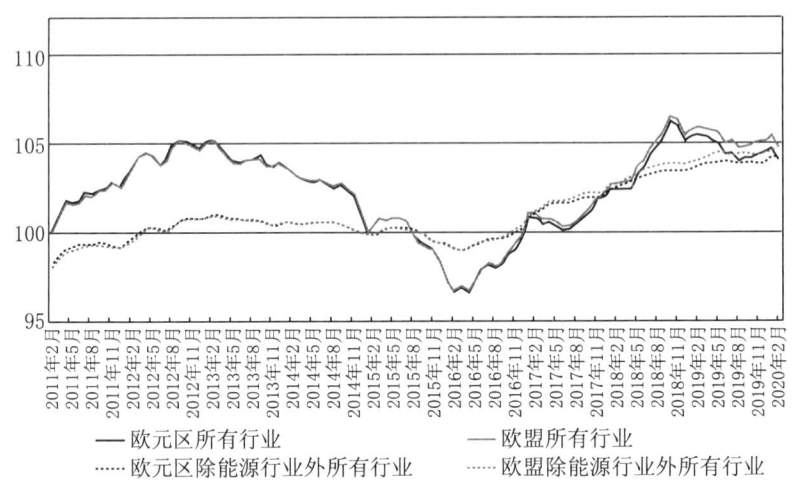

图 5-9 欧盟工业品价格指数

• 资料来源：EUROSTAT。

二、宏观经济政策

2018年停止量化宽松之后，欧盟经济增速和通胀双双加速下滑。2019年6月，欧央行行长德拉吉发表鸽派声明，表示如果欧元区经济前景没有得到改善，欧央行将采取额外的刺激措施，这一表态标志着德拉吉在其8年任期内给出了最大的货币政策逆转信号。9月12日，欧央行宣布将存款便利利率从−0.4%下调至−0.5%；重启资产购买计划并扩大合格资产池，从11月1日起每月净购买200亿欧元资产，不设置截止日期；实行利率分层，同时将第三轮TLTRO的利率下调10BP，操作期限从2年延长至3年。12月12日，欧央行召开拉加德上任之后的首次议息会议，拉加德一直非常支持欧央行的非常规政策，再加上欧央行执行委员会鹰派人物劳滕施拉格早前宣布辞职，因此欧央行基本维持了鸽派立场。往后看，虽然宽松货币政策不会对欧盟经济起到太大的拉动作用，但至少可为欧盟经济保持一个低利率环境起到一定的支撑。

2019年初以来经济放缓的痛苦迫使欧盟领导人重新思考自1997年以来设定的过于严格的财政政策,[①]前欧央行主席一直强调欧元区需要更加积极的财政政策。根据欧央行统计,欧元区一般政府债务占GDP的比重为85%,低于美国的104%,且总体赤字也低于美国,但各国财政空间差异很大,具体见表5-4。数据显示有能力实行大规模财政扩张的国家仅有德国和荷兰,而德国作为欧盟经济领头羊财政空间相对更大。往后看,欧盟采取一定程度财政刺激政策为经济托底的可能性在提高。

表5-4　主要欧盟国家可用的财政空间　　（占GDP百分比,%）

国　家	预算余额	结构平衡	中期目标	最低基准	官方财政空间	扩大财政空间
德　国	1.00	1.10	-1.00	-1.50	2.10	2.50
法　国	-3.10	-2.60	-1.00	-1.40	0.00	0.00
意大利	-2.50	-2.40	0.50	-1.40	0.00	0.00
西班牙	-2.30	-2.90	-1.00	-0.80	0.00	0.00
荷　兰	1.40	0.70	-1.00	-1.50	1.70	2.20
比利时	-1.30	-1.40	0.00	-1.50	0.00	0.10

· 数据来源：European Commission, 2019。

2019年欧美之间长期较为平稳的经贸关系出现了波动。4月,美国单方面宣布将对价值100亿美元的欧盟产品征收关税;6月1日,美国准时对从欧盟进口的钢、铝产品分别征收25%和10%的关税;10月2日,经WTO裁定,允许美国对约75亿美元的欧盟产品(包括商品和服务)加征关税,美国贸易代表办公室(USTR)迅速公布了一份详细的对欧征税清单。对与美国的贸易争端,欧盟采取了多措并举的应对或反击方式,一方面试图通过贸易谈判来缓解贸易摩擦,但因自身内部政策协调的难度加大(如农业领域),且与美国在谈判内容、环境标准等方面存在明显差异,导致谈判进展缓慢。二是面对美国加征关税的"威胁"时,

---

① 欧盟1997年通过的《稳定与增长公约》规定其成员国的财政赤字不得超过其当年国内生产总值的3%。2013年,欧盟又在其中增加了对带有许多不确定性因素的结构性债务的比例要求。

出台了及时性的报复措施,如法国等国对美国的数字科技巨头占据欧盟市场但长期避税采取了应对措施,提出加征"数字税",以期"以战促谈"。三是极力布局未来的贸易战略,不仅出台新的贸易战略,还积极与不同层次的、不同类型的合作伙伴达成自由贸易协定或商谈自由贸易协定。

2020年面对Covid-19疫情冲击,欧盟委员会、欧央行和成员国纷纷出台系列刺激政策。欧盟委员会于3月10日宣布设立总额为250亿欧元的"危机应对基金",主要用于支持公共医疗体系、中小企业及劳动力市场;4月2日,欧盟委员会提议设立1 000亿欧元基金,为受疫情影响严重的成员国提供贷款。欧央行于3月12日召开货币政策会议,宣布为当年6月至次年6月实施的定向长期再融资操作提供更加优惠的贷款条件,并降低欧元区银行的资本准备金率等关键政策门槛。3月18日,欧央行宣布启动总额为7 500亿欧元的紧急资产购买计划,该计划包括购买私人和公共部门资产,涵盖现有资产购买计划(APP)下所有合格的资产类别,并放宽购买欧元区成员国国债的条件,即在遵循各国央行出资比例的基础上采取更灵活的方式,同时免除对希腊政府所发行国债的资格要求。在购买企业债部分(CSPP),欧洲央行将合格资产范围扩大到非金融商业票据,并放宽抵押品标准,特别是扩大其他信用债权(ACC)的范围。这些举措旨在通过扩大量化宽松、使用流动性工具以及灵活银行业监管等措施,为欧元区市场注入额外流动性。不仅如此,各国也采取了多措并举的经济刺激措施。德国政府计划向企业提供不设上限的贷款,并在未来4年每年新增投资31亿欧元。法国政府允许企业延期缴纳社会保险金,并加强国家投资银行对中小企业的资金扶持。处于"脱欧"过渡期的英国政府为改善企业和家庭的现金流,将基准利率下调50个基点至历史最低值0.25%,同时对餐饮、娱乐等行业实行税费减免,并在未来12个月为中小企业提供为期4年的低利率融资。

但所有措施之中,效果最直接和力度最大的莫过于财政刺激。已出台的财政刺激政策包括以下三类：一是直接财政刺激，主要是增加政府财政支出（如医疗救助、失业救助、国有企业补贴、公共投资等）、减免税（如取消某税种或社会保险金的缴纳）；二是延期缴纳，包括延期纳税、延期缴纳社会保险金、延期缴纳公共事业费等；三是流动性和担保举措，包括出口保证、流动性支持、放开国家开发银行的贷款限制等。

以德国为例，该国将支付2 360亿欧元用于直接财政刺激，占2019年该国GDP的6.9%，其中1 000亿欧元用于重组和购买受疫情影响的企业，500亿欧元直接补贴给小企业。另外提供5 000亿欧元的延期纳税，占2019年GDP的14.6%。1.32万亿欧元用于其他流动性和担保，占2019年GDP的38.6%。又如意大利，直接财政刺激资金为160亿欧元，占2019年该国GDP的0.9%；延期纳税资金2 353亿欧元，占2019年GDP的13.2%；其他流动性和担保资金5 300亿欧元，占2019年GDP的29.8%。具体见表5-5。

表5-5 欧洲各国应对Covid-19的财政措施及占2019年GDP的比重 （%）

国　家	直接财政刺激	延期纳税	其他流动性和担保
比利时	0.7	1.2	0.0
丹　麦	2.1	7.2	2.9
法　国	2.4	9.4	14.0
德　国	6.9	14.6	38.6
希　腊	1.1	2.0	0.5
匈牙利	0.4	8.3	0.0
意大利	0.9	13.2	29.8
荷　兰	1.6	3.2	0.6
西班牙	1.1	1.5	9.1

• 数据来源：Bruegel Datasets。

往后看，欧洲国家在应对疫情带来的经济挑战时，单纯的货币政策不足以确保经济恢复，需要采取更大力度的财政应对政策。政策重点一如拉加德的建议，应放在确保银行和资本市场的信贷流量、帮助企业减轻成本压力以及保证劳动者利益三个方面。而经济政策的有效性需依托于两个基础,即成员国之间政策的协调一致性和政策的针对性。

第二节 中国对欧投资的基本情况

从近几年的趋势来看,中国在欧盟国家的直接投资呈现小幅下降趋势,主要原因在于两个方面。一方面一些欧盟政府加强了对外国直接投资的审查和管控,另一方面,中国也加强了海外投资的监管,并对实体经济之外的投资加以限制。其中,卢森堡、德国、法国、荷兰和英国是中国在欧盟的主要投资国,占中国在欧盟直接投资总额的80%左右,见图5-10。

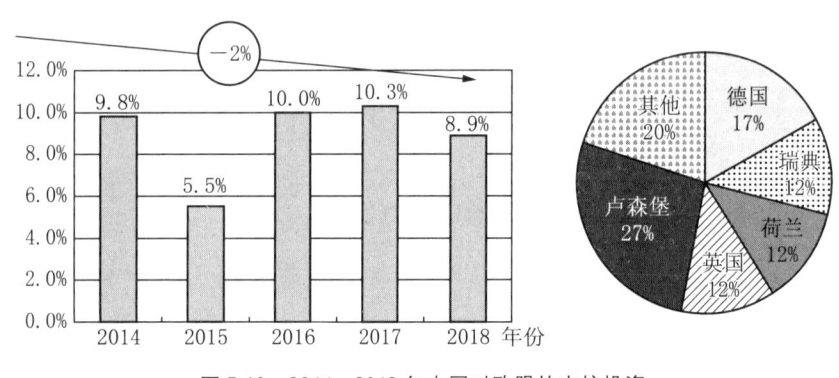

图 5-10 2014—2018 年中国对欧盟的直接投资

• 数据来源:中国商务部,中国对外直接投资统计公告。

从投资总额来看,2019年全年共计117亿欧元,这是自2016年达到373亿欧元后的连续第四年下降,其中并购和绿地投资的比例同前几年保持大致比例,绿地投资约占比约5%左右,见图5-11。代表性的绿地投资包括华为在波兰和意大利的绿地投资,还有中外运集团用4.22亿美元接管了KLG Europe Holding B.V.实际控制的7家物流业务公司。这7家公司拥有高密度且稳定的欧盟陆上运输网络,兼营零星混装及零担货运操作等业务。并购投资中额度最大的投资项目是江苏沙钢投资22亿美元收购英国GLOBAL SWITCH 24%的股份。其他代表性投资包括博实乐教育有限公司(Bright Scholar Education)以1.95亿美元收购了CATS College;万华化学集团1.34亿美元收购了Chematur技术公司。另有北汽集团花费30亿美元收购了戴姆勒公司5%的股权,因尚未达到FDI所要求10%的标准,故而没有纳入统计当中。

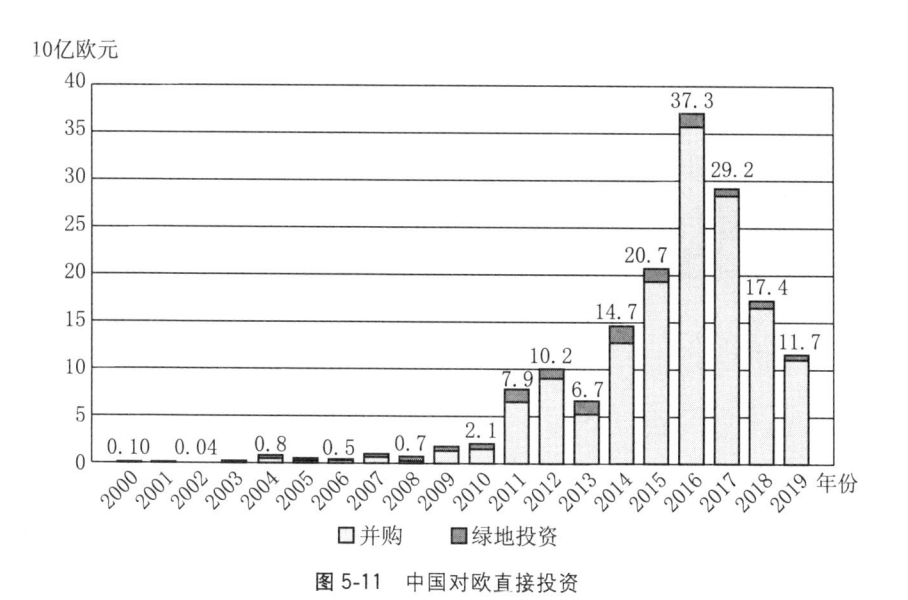

图 5-11　中国对欧直接投资

- 数据来源:Rhodium Group, 2020。

从地域分布来看,2019年中国对欧直接投资的地域分布发生重要变化,"三大经济体"——法国、德国和英国所占份额降至35%,相较于2018年的45%、2017年的71%,降幅相当明显。"三大经济体"中英国表现最好,所占份额不降反升,从2018年的24%提高到30%;德国从2018年的12%下降至4%,法国则从9%下降至1%。

北欧国家自2010年以来首次超过"三大经济体",所占投资份额从2018年的26%提高到53%,实现翻一番的增长。这主要源于一些大型并购交易的成功,如安踏公司以46亿欧元收购Amer,持股比例高达57.95%;恒大集团则以9.3亿美元并购瑞典NEVS新能源汽车。南欧国家占比有所下降,从2018年的13%降至7%,东欧国家非常小幅地从

2%提高到3%。具体见图5-12。

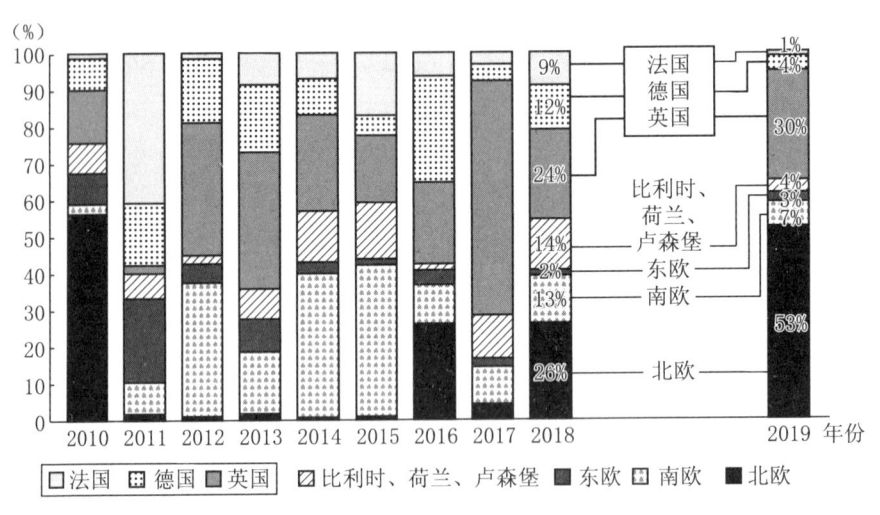

图5-12 中国对欧直接投资的地域分布

• 资料来源：Rhodium Group, 2020。

从投资行业来看，中国2019年对欧直接投资相当集中，汽车、消费品和服务等四个行业占据了总投资额的80%。其中，消费品和服务是最受欢迎的行业，吸引的FDI达52亿欧元，占总投资的40%以上。当然，这主要是因为安踏集团收购了芬兰体育用品集团Amer，这也是中国自2000年以来在欧盟的第四大收购案。另一起引人注目的收购是海尔以4.75亿欧元收购意大利家用电器制造商Candy。消费品和服务行业占比的提高部分在于该行业的非政治化性质，来自监管机构的审查和抵制相对较少。

尽管欧盟对中国在科技及其相关领域的投资监管越来越严格，但信息通信技术行业仍在2019年单笔投资中排名第一（占全部交易的20%），投资额排名第二（24亿欧元）。除了前述的江苏沙钢集团并购英国Global Switch公司之外，其他投资包括深圳古迪科技有限公司收购荷兰NXP Semiconductors公司的语音和音频业务，阿里巴巴以0.9亿欧元收购德国大数据初创公司Data Artisans。

汽车行业投资额达 13 亿欧元,行业最大一笔交易为前述恒大集团的新能源汽车收购项目。交通、公用事业和基础设施投资额为 8 亿欧元,最大一笔交易是中投收购英国国家电网公司旗下天然气分销商 Cadent 的股份。

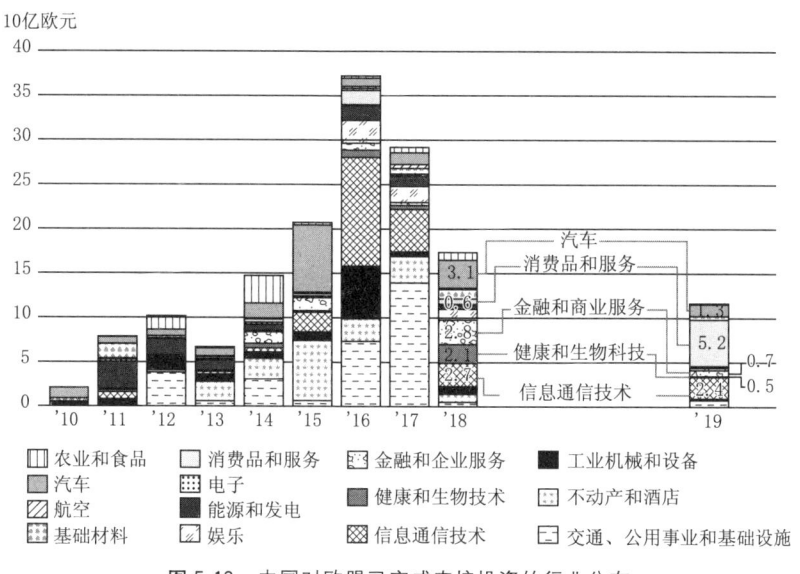

图 5-13　中国对欧盟已完成直接投资的行业分布

• 资料来源:Rhodium Group, 2020。

从所有制性质来看,传统上国有企业在中国对欧投资中占主导地位,2010—2015 年国有企业所占份额均在 70% 以上;2016 年,因民营企业纷纷出海收购,该比例降至 36%;2017 年回升至 72%;2018 年受政策限制,再次跌破 50%。2019 年,国有企业投资总额仅为 12 亿欧元,占比降至 11%,为 2000 年以来的最低水平,见图 5-14。国企份额的再次下降折射出民营企业重大收购行为日益增多,其他可能的影响包括中国正在实施的限制措施,以及欧盟更具防御性的收购政策和欧盟内部不断强化的监管环境。这种趋势其实超出了欧盟的地域范围,2019 年国有企业在美国的 FDI 份额也下降到了 7%。

从投资性质来看,近 90% 为战略投资者,见图 5-15。具体到各季度,第一和第三季度全部为战略投资;第二季度有一笔财务投资,即"中

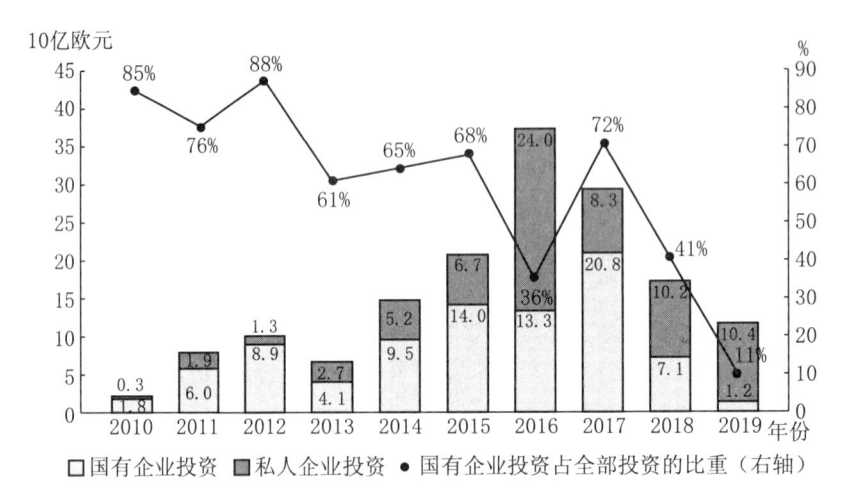

图 5-14 中国对欧直接投资的所有制占比

• 资料来源：Rhodium Group, 2020。

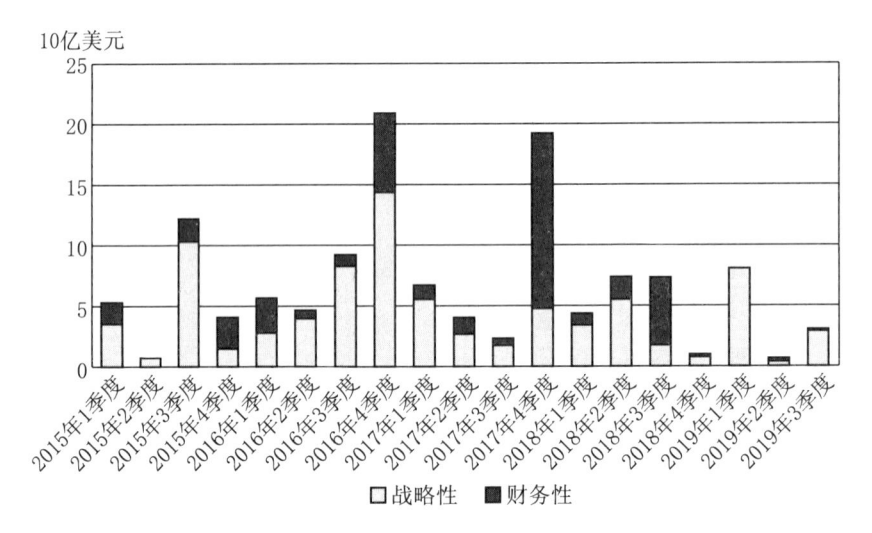

图 5-15 中国对欧直接投资的投资性质

• 资料来源：Rhodium Group, 2019。

国—中东欧投资基金二期"投资 6 700 万美元，完成了对 Brise 集团 15 个谷仓和物流中心的收购。Brise 集团是罗马尼亚最重要的独立谷物贸易商之一，该笔收购旨在打造罗马尼亚首个开放式农业基础设施平台，平台将面向所有在 Brise 公司网络提供服务的农民和贸易商开放。

第三节　欧盟对中国投资开放政策的主要变化

欧盟投资限制指数自 2013 年以来保持在 0.065 的水平,表明该区域对外商投资限制总体维持了平衡态势。分解到三次产业来看,2018年第一产业的投资限制指数为 0.051,第二产业为 0.032,第三产业为 0.081。若再细分到各子行业,限制指数较高的依次为航空业(0.344)、海运业(0.248)、渔业(0.244)、广播电视业(0.221)、电力业(0.116)等。数据表明,欧盟对于关系到基础设施(如运输和电力)、媒体(如传媒和新闻广播)等行业一直持谨慎态度。具体见图 5-16。

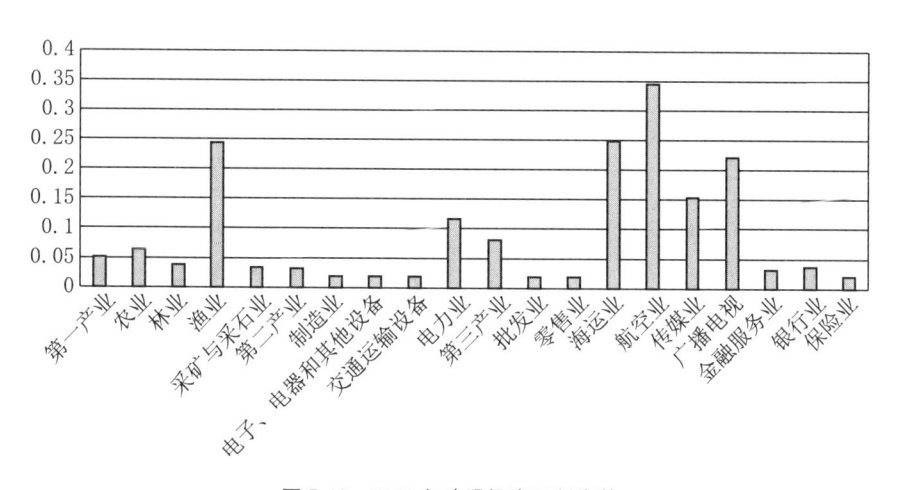

图 5-16　2018 年欧盟投资限制指数

自 2017 年以来,以德国、法国为代表的欧盟主导型国家开始启动新的投资审查机制,以加强对外商直接投资的限制。2019 年 4 月 10 日,欧盟委员会宣布欧盟外商直接投资审查条例正式生效。条例并不会取代或统一成员国现行的审查机制,成员国对是否限制某项外国直接投资仍保留最终决定权,但条例提供了一个信息交换、双重审查和合作协调机制。遵循该机制,如果欧盟委员会认为某一成员国境内的外商直接投资可能影响一个或一个以上成员国的公共安全和秩序,或可能影响欧盟的整体利益,欧盟委员会有权对该投资发表意见,而成员国必须最大程度地考虑欧盟委员会的意见,若不遵守须向委员会做出合理解释。新条例的核心内容如下:

一、适用范围

条例第 2 条将外商直接投资界定为外国投资者以任何形式进行的投资,旨在建立或维持与在成员国开展经济活动企业之间的持续、直接的联系,包括有效参与公司管理或控制在内的投资。条例中的外商投资包括了并购和绿地投资,但不包括间接投资组合,即无意影响公司管理和控制的投资。外国投资者是指第三国的自然人或第三国(即非欧盟)的公司,该公司计划或已进行外国直接投资。

二、合作机制

针对不同的情形,合作机制的运行各不相同。(1)正在接受成员国筛选的外国直接投资,(2)由于缺乏国家筛选机制而没有接受筛选的外国直接投资,(3)可能影响欧盟利益的项目或方案的外国直接投资,以第一种情形为例,合作机制的运作经过以下五个步骤:

步骤1:进行筛选的成员国将外国直接投资通知委员会和其他成员国,并提供相关信息。信息包括:外国投资者和目标公司的所有权结构,计划投资规模,外国投资者的产品、服务和商业模式,外国投资者在成员国计划或已开展的具体业务,投资资金来源和融资方式,投资计划完成的日期,等等。

步骤2:其他成员国和欧盟委员会在 15 个工作日内将其基本判断通知进行筛选的成员国,并可要求提供补充资料。

步骤3:确定外国直接投资是否可能影响安全或公共秩序(筛选因

素),具体见表 5-6。从表中可以看出,新审查框架聚焦于关键基础设施、关键技术和关键投入的供给、投资者的股权结构等方面。

表 5-6 欧盟新审查框架的考量因素

首先,考察对以下领域的潜在影响:		
1	关键基础设施	无论是实体还是虚拟的,包括能源、交通、水、健康、通信、媒体、数据处理或存储、航空航天、国防、选举或金融基础设施,以及为使用此类基础设施所需的土地和房地产
2	关键技术和军民两用项目	包括人工智能、机器人、半导体、网络安全、量子、航空航天、国防、能源储存、核技术、纳米技术和生物技术
3	关键投入的供给	包括能源或原材料的供应,以及食品安全
4	获取敏感信息	包括访问个人数据等敏感信息的途径或控制这类信息的能力
5	媒体	媒体自由和多元化
其次,特别考察:		
1	投资者是否由第三国政府(包括国有企业或政府军队)直接或间接控制,包括通过所有权结构控制或提供重大资助	
2	投资者是否在某个成员国已介入影响安全或公共秩序的活动	
3	投资者是否存在犯罪或违法行为的重大风险	

• 资料来源:Gibson Dunn,2019。

步骤 4:其他成员国和欧盟委员会在 35 个工作日内可提出评论或意见。如果其他成员国认为外国直接投资可能影响其安全或公共秩序,或如果它们掌握与筛选有关的信息,则可以向进行筛选的成员国提供意见。如果欧盟委员会认为外国直接投资可能影响一个以上成员国的安全或公共秩序,或委员会掌握与外国直接投资有关的信息,委员会也可向进行筛选的成员国发表意见。

步骤 5:进行筛选的成员国在充分考虑其他成员国的意见和委员会的意见后作出最终筛选决定。条例强调,最后的筛选决定仍然是进行筛选成员国的专属责任,欧盟委员会和其他成员国无权超越国家主权而作出筛选决定。

欧盟新审查框架的推出有迹可循。一如前述,2017 年以来以德国、法国为代表的欧盟主要经济体就开始加强对外商直投的管制力度。如 2017 年 7 月,德国联邦政府通过了《对外贸易修正案》和《付款条例》,

以便更广泛地控制以关键基础设施领域为重点的外国公司收购。2018年12月,德国又规定对非欧盟外国公司计划在国防、关键基础设施和媒体等行业收购一家德国公司10%以上股权的投资行为予以严格审查。又如法国于2018年11月颁布的一项新法令扩大了外商投资的敏感部门名单,列入名单的投资行为须经经济部审批,该名单目前包括网络安全、人工智能、机器人、半导体和太空作业等领域。2017年以来欧盟各成员筛选机制及其变化见表5-7。

表5-7 2017年以来欧盟各国筛选机制及其变化

国　家	变化年份	现状、近期或未来改变
奥地利		经济事务部对于非欧盟、非欧盟经济区和非瑞士人收购奥地利企业25%或以上的控股权必须予以审批,该类企业从事于"保护部门",包括国防、电信、能源、供水、医院、交通基础设施和教育
比利时		暂无
保加利亚		暂无
克罗地亚		暂无
塞浦路斯		暂无
捷克	2018/2019	考虑建立专门机制或加强投资审查
丹麦	2018/2019	考虑建立专门机制或加强投资审查
爱沙尼亚		暂无
芬兰	2018	由贸易部/工业部和国防部批准外国投资。如果他们认为"国家重大利益"受到损害,各部委将决策权移交至国务院
法国	2018	法国第2018—1057号法令将经济部可批准的范围扩大到网络安全、人工智能、机器人、半导体和太空作业等领域,之前法律已覆盖博彩、军民两用物资、公共政策等12项领域。2019年4月又通过《商业增长与转型行动计划法》,旨在扩大对不遵守外商投资法规行为的现有制裁范围
德国	2017/2018	2017年7月,德国联邦政府通过了《对外贸易修正案》和《付款条例》,以便更广泛地控制以关键基础设施领域为重点的外国公司收购。2018年12月,德国当局进一步修改投资筛选规则,对非欧盟外国公司计划在国防、关键基础设施和媒体等行业收购一家德国公司10%以上股权的投资行为予以严格审查
希腊		暂无
匈牙利	2018/2019	2018年10月,匈牙利政府通过了新法规,要求投资非欧盟股东的公司,在获得与国家安全相关领域——包括两用技术和关键基础设施的资产之前必须得到政府批准
爱尔兰		暂无

(续表)

国　　家	变化年份	现状、近期或未来改变
意大利	2017	2017年10月,意大利内阁通过法令,对于获得意大利公司大量股份并扩大"黄金权力"的行为,加强了信息披露的要求。而对于高科技公司,如处理数据存储和处理、人工智能、机器人、半导体、两用技术和空间/核技术,其某些战略部门的交易可能被否决
拉脱维亚	2017	2017年3月,拉脱维亚加强了与国家安全有关的投资政策,建立了对公司所有权转移、对国家安全具有重要意义的设施,或位于国内和欧盟的关键基础设施的强制审查机制
立陶宛	2018	2018年1月,议会通过了最新版本的《企业和设施法》,法律要求对某些经济部门或某些保护区的投资必须审查
卢森堡		暂无
马耳他		暂无
荷兰	2018	荷兰政府考虑采用一种针对特定行业的外国投资控制制度。电信业的立法建议发展最快,包括重要基础设施在内的其他行业可能紧随其后
波兰		除特定行业的审批要求外,对于计划购买波兰公司20%或以上股份的战略性外国投资必须得到财政部的批准。部长会议可依据法规修订战略性企业清单
葡萄牙		葡萄牙在其投资法规中保留了一般保障条款,要求对可能影响公共秩序、公共安全和公众健康的非欧盟投资,就其是否符合法定要求和先决条件开展评估
罗马尼亚		罗马尼亚在一些欧盟文件中被列为尚未建立筛选机制的国家,但在罗马尼亚竞争委员会发出通知后,最高国防委员会可以审查对国家安全存在潜在威胁的投资行为
斯洛伐克		暂无
斯洛文尼亚		暂无
西班牙		在国防、博彩、广播和空中运输领域的外国投资需要事先获得国会批准。对于影响或可能影响公共权力与秩序、公共安全或公共卫生的投资行为,国会可以进行干预
瑞士	2018/2019	考虑建立专门机制或加强投资审查
英国	2018/2019	2018年6月,英国《外商投资审查新规》生效,该规定扩大了政府审查并购交易的权力,并对营业额阈值进行了修订,军事、军民两用、先进技术(计算机、量子技术)等部门由7 000万英镑降至100万英镑。更加广泛和专注的国家安全并购制度拟于2019年生效

• 资料来源:MERICS & Rhodium Group, 2018、2019.

往后看,上述国家筛选机制的变化可能对给中国在欧盟的直接投资带来一些影响(见图5-17),主要体现在:一是准入障碍更多,中国企业进入某些关键战略性部门的机会更加有限,甚至被排除在外;二是审查更为严格,与国有资本相关的企业或项目将接受更为严格的审查或筛选;三是不确定性更多,投资于欧盟国家将成为一项相当耗时的商业行为,大量企业信心受挫。

1	明确外商直接投资的定义,扩大筛选对象的范围	中国企业进入某些关键战略性部门的机会更加有限,甚至被排除在外
2	阐明筛选机制触发因素,包括更广泛的敏感部门	与国有资本关联的企业和项目会面临更为严格的审查和筛选
3	加强欧盟内部的协调与沟通,促进审查筛选机制的趋同	在欧洲投资成为一项耗时的商业行为,不确定性越来越大,中国企业或将信心受挫

图 5-17 欧盟 FDI 筛选机制对中国企业的影响

• 资料来源:Roland Berger, 2019。

同时,全球 Covid-19 疫情将深刻影响全球资本流动,包括中国对欧投资。2020 年 2 月和 3 月,中国大部分经济部门的暂时停摆已对第一季度的投资交易产生了负面影响,成交量与前几年相比,交易额下降了一半以上。早期数据显示,2020 年第一季度或将是近十年来中国对外贸易额最低的一个季度。

疫情蔓延导致全球资本市场暴跌,在 3 月份的最低点,德国的 DAX 30 和法国的 CAC 40 都下跌了 30% 以上。在 2008—2009 年国际金融危机时,中国企业看重能源类的收购,如铁矿石、镍矿和石油;2012—2013 年欧元危机时,中国企业侧重于欧洲战略资产的投资。不过,与 2009 年和 2013 年相比,在后疫情时期,中国企业出现机会主义购买热潮的可能性较小。主要原因在于:

一是导致中国对欧直接投资下降的一些中长期因素将持续存在。宏观层面的经济增速放缓,微观层面的企业流动性压力,叠加金融监管继续强化,加杠杆行为受限,中国政府短期内不太可能放松资本管制。

二是欧洲应对Covid-19疫情的反制措施逐渐明朗且更有力度,如欧央行7 500亿欧元的资产购买计划和各国政府相继出台的支持本国企业的针对性措施。相较于2008—2009年,欧洲企业或能更好地承受暂时性衰退和流动性危机。

三是欧洲各国的投资审查制度改革使监管机构在干预外资收购方面处于更为有利的地位。过去三年,许多欧洲国家已经对他们的审查制度进行了改革,改革无一例外地提高了外资准入的门槛和对战略性资产的保护。疫情暴发后,欧盟委员会于3月25日向所有成员国发布了《关于外商直接投资和资本自由流动、保护欧盟战略性资产收购指南》,要求各成员国保持警惕,并使用所有外资审查措施,以避免Covid-19疫情导致欧盟关键资产和核心技术损失。

综上,中国对欧投资在今年剩余时间内可能会从非常低的基数逐步增长,但不太可能恢复到2015—2016年的水平。

第四节 中欧投资谈判进展

2019年11月,中欧地理标志协定谈判历经8年后宣布结束,双方一致同意发表《中国和欧盟共同签署关于结束中欧地理标志协定谈判的联合声明》。中欧地理标志协定是中国与欧盟第一个贸易协定,也是中国对外签署的第一个全面、高水平的地理标志保护协定,具有里程碑式的意义,对扩大中欧农产品贸易,加强知识产权保护具有重大意义。[①]

[①] 协定文本共14条,对地理标志设定了高水平的保护规则,并在附录中纳入双方各275项具有各自地区特色的地理标志产品,比如中国的"安吉白茶""赣南脐橙""贺兰山东麓葡萄酒",欧盟的"帕尔玛火腿""爱尔兰威士忌"等。协定将为双方的地理标志提供高水平的保护,有效阻止假冒地理标志产品,使双方消费者都能吃上、用上货真价实的高品质商品。中欧地理标志协定为中国有关产品进入欧盟市场、提升市场知名度提供了有力保障。根据该协定,中国相关产品有权使用欧盟的官方认证标志,有利于获得欧盟消费者的认可,进一步推动中国相关产品对欧出口。

中欧投资协定谈判是中国进一步扩大开放、深化多双边合作的重要举措,也是中欧双边经贸关系中最重要的事项之一,2019年以来已举行6轮正式谈判,在文本谈判和清单谈判中均取得了积极进展。中欧投资协定谈判的标志性节点是2019年4月9日李克强总理与欧盟理事会主席图斯克和欧委会主席容克共同主持第21次中欧领导人会晤。在此次会晤中双方达成了一系列经贸成果,共同发出坚定支持多边主义,反对单边主义和保护主义,积极加强双方贸易和投资合作的声音,为推动中欧经贸合作在新时期取得更大发展提供了强劲动力。

在双方经贸合作领域,中欧双方将在开放、非歧视、公平竞争、透明和互利的基础上打造双方经贸关系,相互给予更加广泛、更加便利、非歧视的市场准入。在多边贸易领域,双方将继续坚定支持以规则为基础、以世贸组织为核心的多边贸易体制,反对单边主义和保护主义,同时合作推动世贸组织改革,继续努力解决世贸组织上诉机构的危机并在其他领域凝聚共识。在"一带一路"倡议和欧盟相关战略对接方面,双方将继续推动"一带一路"倡议和欧盟欧亚互联互通战略、泛欧交通运输网络对接,在中欧互联互通平台框架下加强交流。会晤后,双方一致同意发表《第二十一次中国—欧盟领导人会晤联合声明》,联合声明覆盖内容广泛,既涉及双方在战略层面的共同关切,也触及贸易、知识产权保护、WTO改革、5G、产业补贴等具体领域,展现了中欧进一步深化全面战略伙伴关系、夯实未来合作发展基础的决心。2019年9月23—24日,中欧在北京举行了第23轮投资协定谈判,双方围绕协定文本进行了磋商,并讨论交换改进清单出价安排。11月5—8日,中欧投资谈判协定进入第24轮,双方围绕部分文本问题展开磋商。12月16—19日,第25轮中欧投资协定谈判在比利时布鲁塞尔举行,双方继续围绕文本展开谈判,并交换了关于投资市场准入的清单改进出价。

目前中欧投资协定谈判有待继续磋商的议题主要体现在:欧盟希望中国进一步扩大市场开放,加强知识产权保护;中方则希望欧盟对外商投资审查框架标准能够更加清晰明确,避免中国企业遭受不公平待遇。从各方信息来看,协定有望在2020年达成。

第五节 中国对欧投资典型案例

2019年8月28日,沙钢集团正式发布公告,将斥资18亿英镑(158亿人民币),收购英国数据中心运营商Global Switch剩余24.01%的股权,以实现对Global Switch的100%全资控股。历时两年半,中国财团终于完成全资收购,买下了英国最大同时也是欧盟最大的数据中心公司Global Switch的全部股权。江苏沙钢集团是江苏省重点企业集团、国家特大型工业企业、全国最大的民营钢铁企业。从2015年开始,沙钢集团制定了新的战略发展规划,坚持走创新发展之路,不断优化产品结构,深化节能减排,发展数字产业,企业发展实现了稳健发展。

Global Switch成立于1998年,总部位于英国东伦敦,靠近金丝雀码头金融城,该公司同时是数据中心业主、运营商和开发商,也是世界上信用评级最高的数据中心运营公司,同时拥有目前全球数据中心行业最高的信用评级(惠誉BBB+、标准普尔BBB、穆迪Baa2)。作为欧盟规模最大的中立第三方数据中心运营公司,Global Switch目前在10个国家拥有12个数据中心,分别位于伦敦、阿姆斯特丹、法兰克福、马德里、巴黎、香港、新加坡、悉尼等8个国际一线城市,总建筑面积达到36.68万平方米,总电力容量384兆伏安。2018年GS实现营业收入3.99亿英镑、经营性净利润2.29亿英镑。在全球数据中心企业的排名中,GS位列前十位。另外根据调研机构Structure Research的报告,GS是全球第二大批发数据中心提供商,市场份额为7.7%,排在他前面的是Digital Realty公司,市场份额20.5%。GS拥有多个国家和地区不同规模的客户,包括国际知名企业、金融机构、政府组织、电信运营商、云管理服务供应商、全球最大的电脑软件提供商、全球前十大系统集成商、全球最大的信息技术和业务解决方案公司等。

在中国资本入股前,Global Switch 一直由英国首富鲁本兄弟全资持有,鲁本兄弟在 2004 年以 5.85 亿英镑买下公司之后还投入了超过 10 亿英镑扩大业务。中资入股 Global Switch 后,计划于未来在伦敦、阿姆斯特丹、香港、新加坡、悉尼、法兰克福等城市中心区域建设或者规划建设新的数据中心,预计新增总面积达到 18 万平方米、新增电力容量 268 兆瓦,分别较现有水平增长 60%、97%。全部建设完成后,Global Switch 将拥有高达 48 万平方米的数据中心,合计电力容量达到 543 兆瓦。

沙钢入主 Global Switch 后仍将遇到一些挑战,因为数据行业非常敏感,涉及国家数据安全,虽然 Global Switch 在其新闻稿中反复强调将继续遵从各个国家的基础设施保护中心(CPNI)要求,表示其作为第三方数据中心运营商,对于安装在其场地的服务器并没有访问权,但还是有西方客户因为担心数据安全,选择终止和 Global Switch 合作,如澳大利亚国防部已决定在 2020 年结束与 Global Switch 的合作,将数据重新交由政府部门管理。

第六章
中国对外投资——日俄篇

以与中国经济往来的紧密度、历年中国对该国投资情况、未来中国对外投资意向等作为选择要素,本章遴选了日本和俄罗斯作为研究对象。2019年,中国在日本和俄罗斯的直接投资总额均呈稳步上升趋势,在日直接投资主要涉及软件、机械、电子、电商等领域,在俄直接投资从传统能源、农林开发延伸到汽车、家电等制造业领域。往后看,伴随着中日韩自贸区谈判的推进,三国或将逐步迈向更高水平的区域投资贸易自由化便利化,同时在中国与欧亚经济联盟的协定框架内,对俄直接投资也将逐步提质升级。

第一节 中国对日投资研究

中日两国之间的经贸往来历史悠久,改革开放以来日本对华直接投资和中国对日直接投资不仅在数量规模上快速提升,质量结构也在不断优化;不仅带动了本国的经济增长,也促进了对方的经济发展。

一、日本经济增长概况

受制于全球经济外需乏力和贸易争端影响,2019年日本经济增长渐显疲态,主要原因在于:一是欧美等主要贸易国家的需求放缓,出口持续同比下降;二是受国内消费税上调影响,消费增速愈发疲软;三是制造业景气度连续7个月在枯荣线下方,经济增长动能承压。具体来看:

(一) 经济基本面：2019年低位运行，2020年受多方拖累将大幅收缩

2019年，日本实际GDP增速为0.7%。季度环比增速分别为：第一季度0.6%，第二季度0.5%，第三季度0.0%，第四季度-1.8%，具体见图6-1。图中曲线显示，GDP季度环比受2008年国际金融危机大挫下降至2009年第一季度的-2.23%之后，后续十余年一直稳固维持在0—1%的区间。实际上，从2013年至2018年，日本年度GDP增速一直维持在1.2%以上水平，各方对此情形的解读有较大差异：部分观点认为日本经济一直未能走出危机阴影，部分观点则认为这是日本产业重构和温和复苏的十年，日本经济实力和科技创新力或被低估。

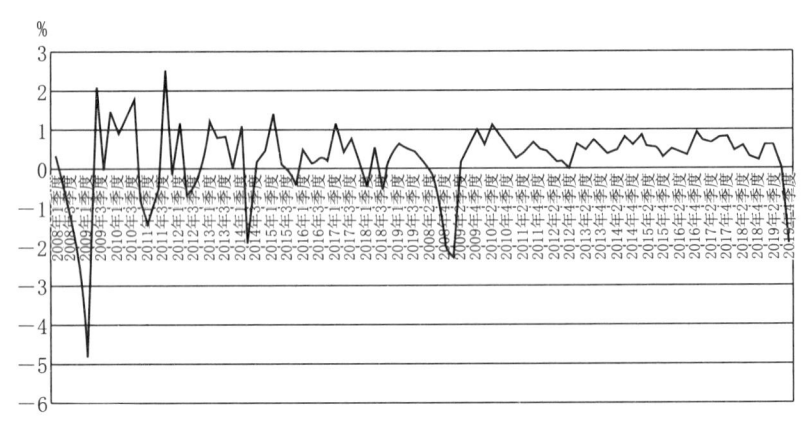

图6-1 2008—2019年日本GDP季度增速（较上一季度环比）

• 数据来源：OECD STAT。

从就业情况来看，自2009年第三季度达到阶段峰值5.43%之后，日本失业率持续走低。2019年前三季度失业率分别为2.43%、2.37%和2.33%，见图6-2。较低的失业率一方面在于日本老龄化日益严重，不少企业面临劳动力短缺问题；另一方面得益于安倍的就业政策，主要包括支持女性就业、放宽外籍劳动力进入日本条件等系列举措。

从通货膨胀来看，较之2018全年有一半时间的通胀率在1%以上，

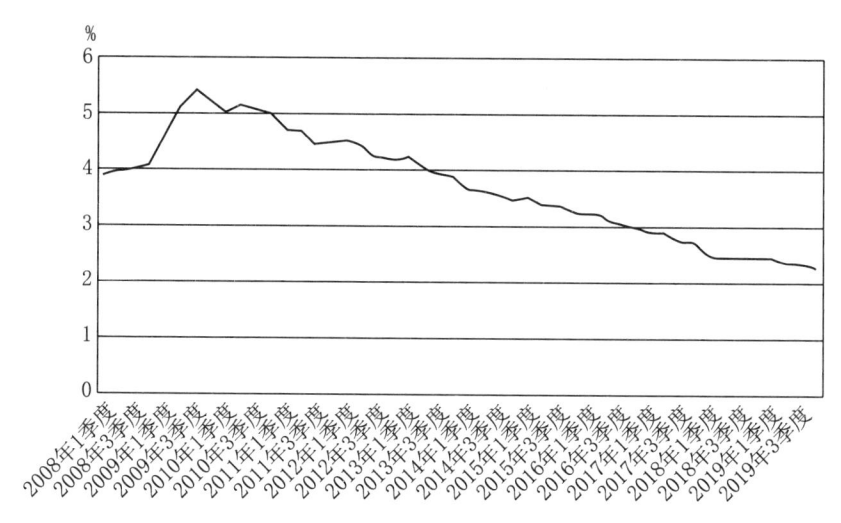

图 6-2　2008—2019 年日本 GDP 失业率(季度数据)

• 数据来源:OECD STAT。

2019年日本通胀率全线仅为0.6%。整体来看,上半年在能源和家用耐用品推动下,通胀小幅走高,4月出现峰值0.9%。下半年以来,受手机资费降低、教育成本减少以及能源价格下跌的影响,通胀水平持续回落,9月和10月连续降至0.2%,11月和12月反弹至0.5%和0.8%,见图6-3。显然,该通胀水平离日本央行制定的2%的通胀目标差距甚远。

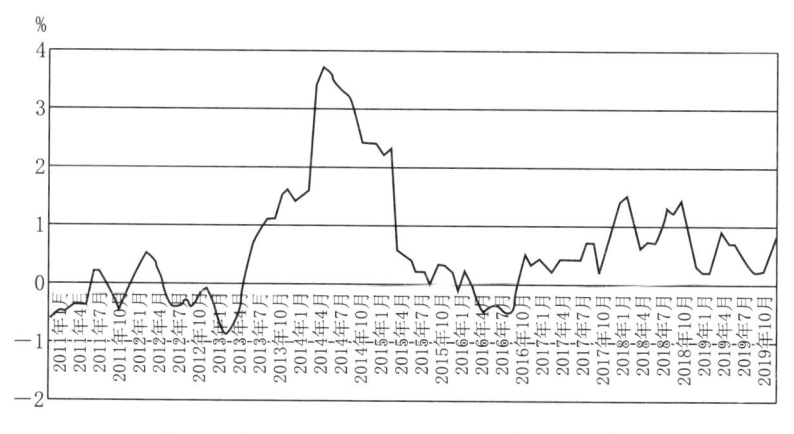

图 6-3　2011—2019 年日本 GDP 通胀率(月度数据)

• 数据来源:OECD STAT。

日本央行发布的2019年10月经济展望报告中,已将全年通胀预期下调至0.7%,同时将2020年和2021年的通胀预期下调至1.1%和1.5%,这表明日本央行认为需要更多时间迈向2%的通胀目标。

从企业信心指数来看,自2018年7月录得2008年金融危机以来最高值122.92之后持续走低,2019年11月跌至近期最低值112.55(图6-4)。主要原因或在于2019年10月1日消费税税率上调将不利于消费,进而挫伤企业生产积极性;并叠加了全球经济放缓以及自然灾害打击等内外不利因素的影响。

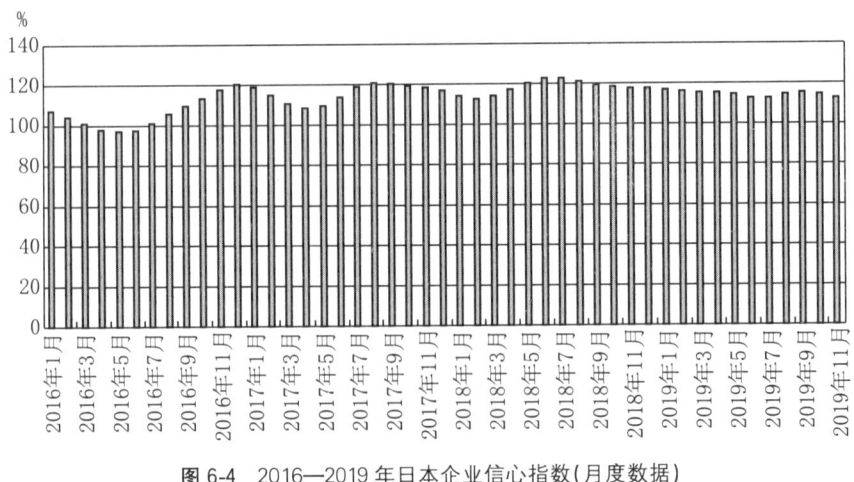

图6-4　2016—2019年日本企业信心指数(月度数据)

• 数据来源:OECD STAT。

2020年,日本自2月以来Covid-19疫情逐步加剧,3月不得不宣布推迟奥运会的举办。4月疫情更是呈井喷式暴发,截至23日,累计确诊12 429例,具体见图6-5和6-6。

叠加疫情冲击的2020年日本经济将继续走弱,甚至大幅度收缩。从内部环境来看,消费税率提升的负面冲击仍将持续,而奥运会的延期举办将原有的经济亮点转变成经济拖累。同时人口老龄化、劳动人口不足、政府债务等长期困扰日本经济社会的因素仍将存在。从外部环境来看,出口引擎一直是日本经济的重中之重,自2019年下半年以来的出口

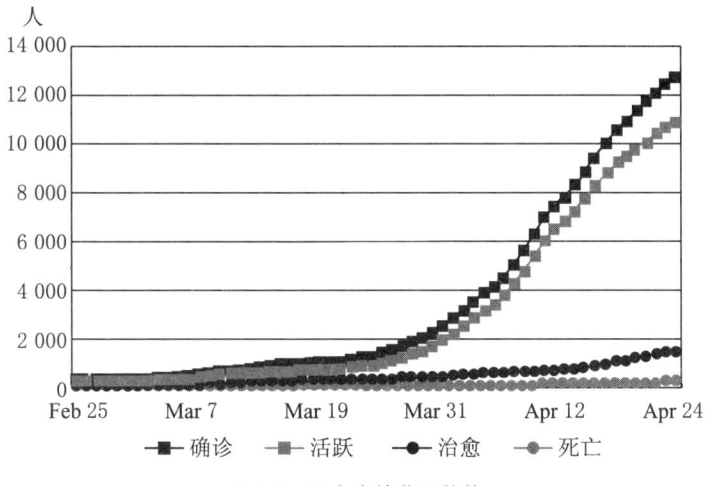

图 6-5　日本疫情蔓延趋势

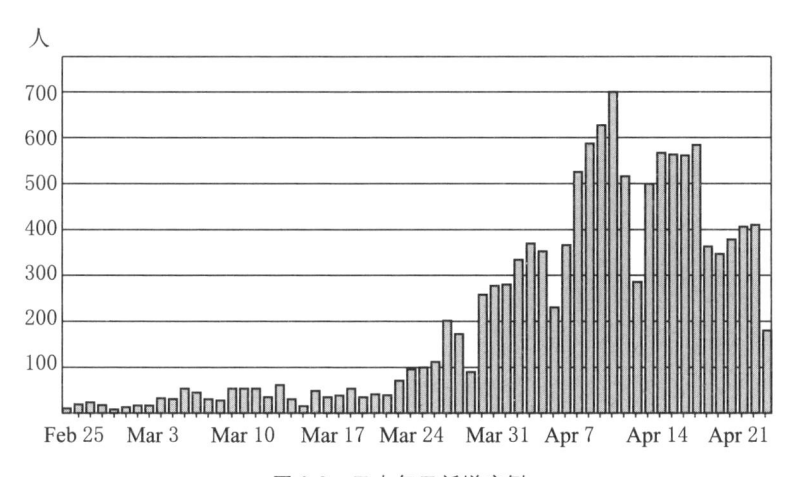

图 6-6　日本每日新增病例

疲态不仅无法在 2020 年得以修复,反因疫情冲击致使出口"红灯"或越来越亮。

根据花旗银行的预测,2020 年第一季度日本 GDP 增速为 -3.6%,第二季度更将大幅跌至 -19.7%,见图 6-7。IMF 最新《世界经济展望报告》的预测是:2020 年日本 GDP 增速为 -5.2%,此前预期为 0.7%。

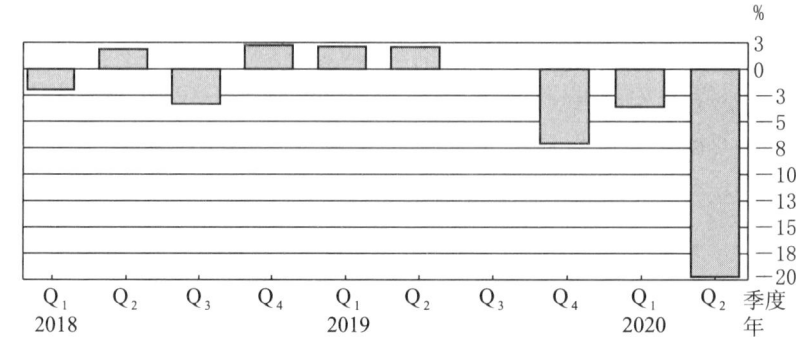

图 6-7　日本 2018 年以来实际 GDP 季度增速

• 资料来源：Bloomberg，Citi Group。

（二）宏观政策面：2019 年宏观经济政策注重微调，2020 年加大财政政策刺激

从 2018 年 9 月开始，日本经济下行压力加大，叠加中美贸易摩擦升级推动的避险需求，负利率债券规模急剧攀升。日本已成为全球负利率债券规模最大的国家，总规模为 7.3 万亿美元，全球占比 43.1%，且其负利率债券全部为国债，见图 6-8。从金融危机后负利率政策的运行情况

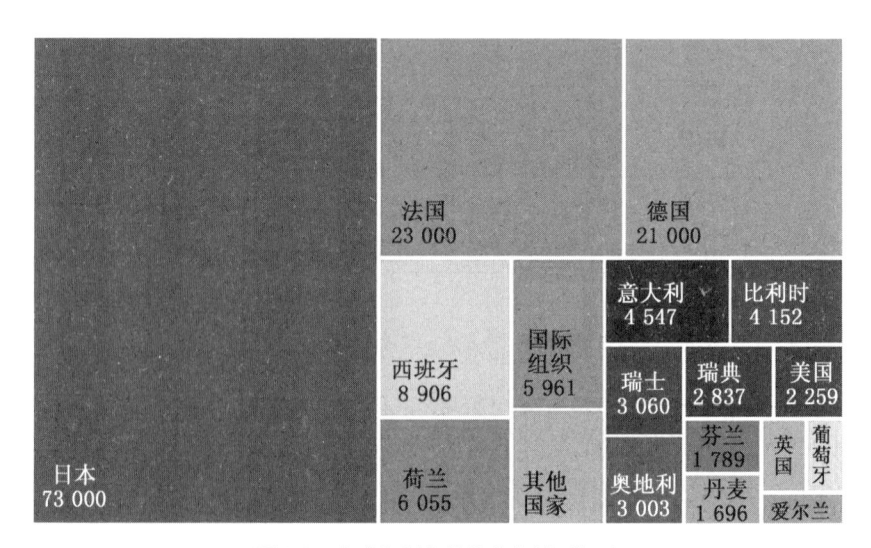

图 6-8　全球负利率债券分布（亿美元）

• 资料来源：Bloomberg，浙商证券研究所，2019。

来看,对于推升通货膨胀和适度刺激经济起到了一定的正面效果。但潜在副作用也是明显的:负利率政策将压缩贷款利率和存款利率利差,可能对银行利润产生负面影响;该政策还可能扭曲债券市场价格,从而使债市面临较大泡沫风险。日本央行在 2019 年 10 月的议息会议上决定维持利率不变,但调整了前瞻指引,表示将把利率维持在低位,甚至还有可能再降低。新的前瞻指引反映了日本央行的立场,即更倾向于采取进一步宽松政策,以及其"对政策利率的下行偏向"。日本央行行长黑田东彦曾表示,货币宽松工具不仅限于降息,还包括增加资产购买及加快印钞步伐。

作为日本政府最为重要的财政政策安排,日本国内消费税率自 2019 年 10 月 1 日起从 8% 上调至 10%。这是日本自 2014 年将消费税税率从 5% 升至 8% 之后,时隔 5 年再次提高税率。消费税的上调无疑增加了消费者的支出负担,对国内消费的影响也立竿见影。上调税率后的第一个月,日本 2019 年 10 月经季调后的零售销售环比下跌了 14.4%,降幅高于前一次消费税上调的举措。日本家庭支出同比下降 5.1%,为 11 个月来首次下降,并创下过去三年半的最大降幅。人口老龄化和生育率低是日本政府下调消费税的主要原因,依靠劳动人口缴纳的养老金与现有税收收入来供养老年人口的压力空前加大,在财政无力承担的情况下,只能依靠增税来缓解。作为消费税增税的应对之策,汽车和住宅领域的减税是 2019 年度日本税制改革的重点内容,该减税政策在汽车领域表现为汽车保有环节和购置环节的减税,在住宅领域则表现为住宅贷款个税扣除进一步扩充。2019 年日本政府还进一步推进法人税减税,进一步加大在研发投资和设备投资方面的税收优惠力度,一方面放宽优惠适用条件,另一方面延长优惠期限。整体来看,虽然安倍政府为抵消消费税税率上调所带来的负面影响,采取了其他对冲措施,但此次税率上调所带来的冲击仍然超出了业界的预期,也增加了外界对未来日本经济发展趋势的担忧。

对外贸易经济合作喜忧参半。一方面,区域经济一体化取得突破。2019年11月3日,RCEP除印度以外的15个成员国结束全部文本谈判及实质上所有市场准入谈判,并将致力于确保2020年签署协定。RCEP一旦全面达成,将有利于促进日本发展健康、可持续、平稳的对外贸易和投资关系。日本与美国达成新的贸易协定。10月8日,日美正式签署新的贸易协定。从具体内容来看,此项贸易协定基本未超出TPP谈判时日美达成的协议内容,但日本对美国开放了农产品市场,却未获得出口汽车和相关零部件的免税,双方仅同意在接下来的谈判中讨论汽车关税问题,获得的仅是最低限度成果,对日本国内制造业而言结果并不理想。另一方面,日本与韩国贸易争端不断加剧。以日本殖民韩国期间的劳工索赔问题为导火索,日韩贸易争端持续升级。日本7月初开始限制3种关键半导体工业原材料出口韩国,并于8月28日把韩国正式移出日方贸易"白色清单"。韩国政府随后在9月18日将日本移出韩国贸易的"白色清单"。日韩经贸摩擦使得两国关系持续恶化,韩国民众掀起声势浩大的"抵制日本"运动,对日本商品销量、赴日旅游人数都造成明显负面影响。

为缓解2020年经济困境,日本政府采取了一系列纾困和刺激措施。4月7日,日本政府推出史无前例的108万亿日元紧急经济刺激计划,规模相当于其GDP的20%。对于低收入家庭和个人,该计划拟发放"生活援助补贴",最高可达30万日元。对于企业,该计划拟向营业额大幅下降的中小企业提供最高200万日元的补贴,向收入大幅减少的个体经营者发放最高100万日元的补贴,为航空业提供2万亿日元援助等。刺激计划的重中之重是保护就业,除财政补贴之外,还将通过民间金融机构提供无利息贷款,并暂缓困难企业约26万亿日元社保和税收负担。

刺激计划的资金可分为五大类,一是阻止疫情传播并完善医疗体系,资金额度2.5万亿日元,财政负担2.5万亿日元;二是确保就业,资金额度 80 万亿日元,财政负担 22 万亿日元;三是复工复产,资金额度 8.5 万亿日元,财政负担 3.3 万亿日元;四是建立和发展更富有弹性的经济结构,资金额度 15.7 万亿日元,财政负担 10.2 万亿日元;五是为未来做好准备,资金额度 1.5 万亿日元,财政负担 1.5 万亿日元,具体见图 6-9。

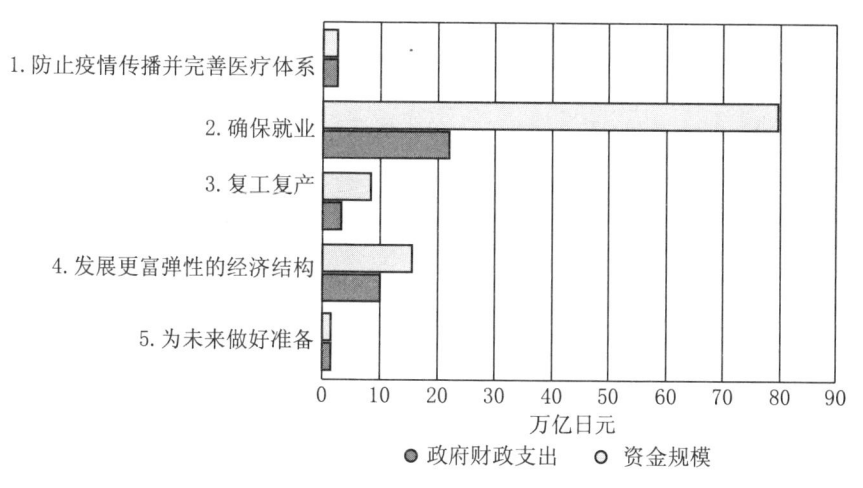

图 6-9 日本经济刺激计划的资金分配和来源

• 资料来源:Statista。

往后看,虽然市场和企业在财政政策刺激之下逐步恢复活力,尤其是资本市场在刺激政策公布后大力反弹。但从中长期维度来看,大量财政刺激政策提高了政府部门杠杆率,2019 年第三季度数据显示,日本政府杠杆率已高达 202.7%,再叠加如此大规模的财政刺激,势必将进一步加大日本政府的债务压力。

二、中国对日投资的基本情况

近几年来,日本政府引进外资的理念已从重数量规模转变到重质量贡献,"创造创新"和"复兴地方经济"成为鼓励外商直接投资的关键词。日本财务省和日本银行发布的数据显示,截至 2018 年末,FDI 流入存量排名前 10 的国家和地区依次为美国、荷兰、法国、新加坡、英国、开曼群岛、瑞士、德国、卢森堡,以及中国香港地区。但10个国家的存量规模和占比差距较大,排名第一的美国和第十的卢森堡相差近10倍。从行业分布来看,外资青睐的前10个行业依次为金融保险、电力设备、运输设备、化工医药、服务业、通信、通用机械、房地产、交通和玻璃陶瓷业。排名第一的金融保险业与第十的玻璃陶瓷业同样在总额和占比上相差甚远,这或部分说明外商投资的行业集中度相当高。

表6-1 日本分国家/地区和分行业的外资流入排名(截至2018年末)(10亿日元)

排序	分国家或地区			分行业		
	国家/地区	投资存量	占比(%)	行业	投资存量	占比(%)
1	美国	6 259	21.3	金融保险	7 693	33.9
2	荷兰	4 625	15.1	电力设备	3 743	16.5
3	法国	3 761	12.2	运输设备	3 456	15.2
4	新加坡	2 638	8.6	化工医药	1 624	7.2
5	英国	2 606	8.5	服务业	1 258	5.5
6	开曼群岛	1 673	5.4	通信	666	2.9
7	瑞士	1 458	4.7	通用机械	596	2.6
8	德国	1 094	3.6	房地产	550	2.4
9	中国香港地区	1 012	3.3	交通	438	1.9
10	卢森堡	837	2.7	玻璃陶瓷	358	1.6

• 数据来源:日本财务省、日本银行。

不仅中国香港地区对日有较大规模的直接投资,中国内地对日直接投资也呈现稳步增长态势。日本财务省和日本贸易振兴会的数据显示,除个别年份之外,2005年以来中国(不包括中国香港地区、澳门地区和台湾地区)对日直接投资总体上升。2018年已实现净流入7.97亿美元;其间也有两年的净流出,分别是2009年净流出1.37亿美元,2016年0.92亿美元。2019年前三季度中国对日直接投资额分别为7.04亿美元、3.31亿美元和2.49亿美元,总计已达到12.85亿美元,占日本当年FDI总额的4.4%。再对比两国的双向投资情况,不难发现差距显著缩小,从2005年的近600倍缩小到2019年的8.3倍,具体见表6-2。

表 6-2　中日双边直接投资（基于国际收支平衡表）　　（百万美元）

年　份		中国对日本直接投资（净值、流入）	日本对中国直接投资（净值、流入）
2005		11	6 575
2006		12	6 169
2007		15	6 218
2008		37	6 496
2009		−137[①]	6 899
2010		314	7 252
2011		109	12 649
2012		72	13 479
2013		140	9 104
2014		767	10 899
2015		636	10 011
2016		−92[①]	9 534
2017		985	11 122
2018		797	10 755
2019	1—3 月	704	3 728
	4—6 月	331	3 587
	7—9 月(P)[②]	249	3 376
2019	1—9 月(P)[②]	1 285	10 691
	占比[③]	4.4%	—

- 注：①"−"代表净流出；②来自财务省等部门的数据统计；③占比是指占全球对日本直接投资的比例。
  数据来源：日本财务省、日本贸易振兴会。

从投资行业来看，中国企业主要涉及软件、机械、电子等领域。日本政府公布的近期重大并购案显示，中国企业所投行业仍在运输设备和电子领域，一笔是均胜电子投入 1 750 亿日元并购 Takata 公司，一笔是霸菱基金投入 1 020 亿日元并购 Pioneer 公司，具体见表 6-3。

表 6-3　2018 年以来中国公司对日本公司的重大并购

完成日期	目标公司		收购公司			投资额
	名称	行业	名称	地区	行业	(10 亿日元)
2018 年 4 月	Takata	运输设备	均胜电子	内地	运输设备	175
2019 年 3 月	Pioneer	电子	霸菱亚洲投资基金	香港	投资公司	102

- 资料来源：JETRO Invest Japan Report 2019。

随着跨境电子商务的迅速发展,日本政府根据行业发展需要从2018年推出"日本商城"项目以吸纳跨境电商在日投资,同时鼓励日本商品在跨境电商平台销售。表6-4列出了已在日本建立采购中心或子公司的中国跨境电商,依托该中心,中国企业可直接从日本公司采购各类商品。

表6-4 中国主要跨境电商公司在日经营情况

公司	地区	经营活动
网易环球购有限公司	大陆	公司2018年4月在东京开始经营"Kaola",一个大型跨境电商平台,目前在平台销售前茅的是日本化妆品、婴儿用品和日用品
百宝新传媒	大陆	公司在2016年成立于江苏宿迁,并在日本成立子公司,主要采购日本的婴儿用品。2019年2月为了加强在日本的采购能力开始同步扩大在国内的销售
洋葱集团	大陆	公司在2014年成立于广东广州,现是中国第四大电商企业,2019年4月在日本成立子公司,将与日本的批发商、零售商和制造商等合作,增加化妆品和日用品等的产品线
阿里巴巴	大陆	2018年1月,与全国农业合作社联合会合作在中国销售日本大米,这是日本大米第一次在电商平台上销售
CitiSocial	台湾地区	公司位于台北,阿里巴巴领投完成了对其的第二轮融资。2019年7月,与日本云融资平台Makuake达成商业联盟协议

• 资料来源:JETRO Invest Japan Report 2019。

从投资形式来看,日本将FDI的投资形式分为债务工具、盈利再投资、股权投资等三种形式。图6-10显示,2010之前FDI以股权投资为主,之后三种股权投资占比逐渐缩小,而盈利再投资和债务投资占比逐渐增大。以2018年为例,企业盈利再投资1.6万亿日元,较上年增长2.5%;债务投资7 551亿日元,较上年增长71.8;股权投资达到5 459亿日元,较上年增长61.9%。再看2019年1—5月份柱状图,债务投资额与股权和盈利投资之和基本相当。投资形式的改变至少说明了三点:一是外资企业更倾向风险系数更低的投资工具;二是在日外企自我积累能力和再投资能力增强;三是日本政府加强了部分行业股权投资的限制。

从日本的国内经济环境来看,经济资源特别是资金呈现出向"京一极集中"的趋势,导致地方经济萎靡不振。与经济发达地区相比,这些

图 6-10 日本外资主要投资形式

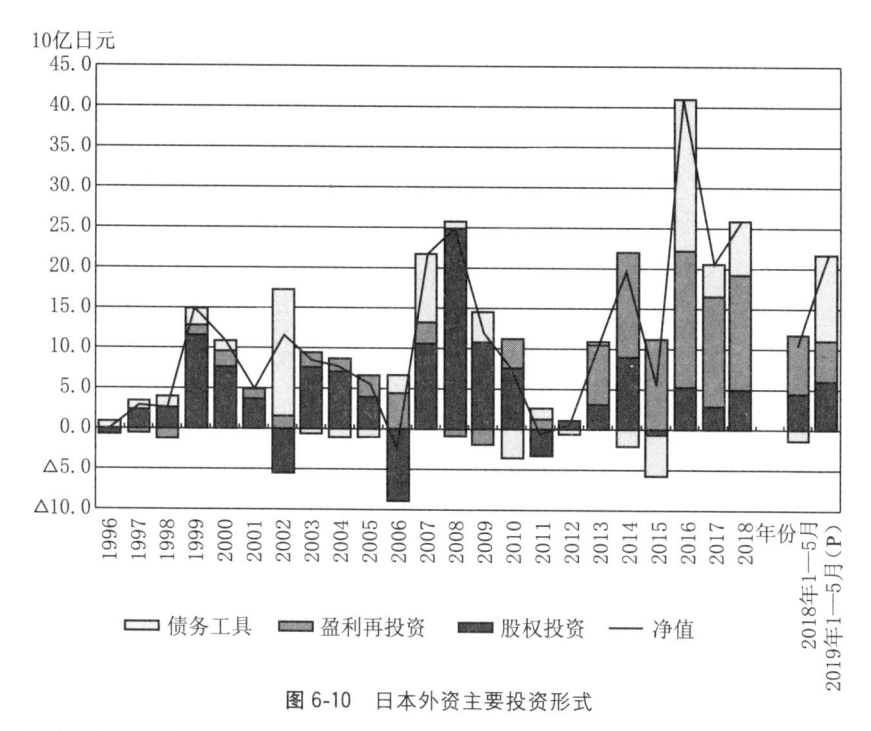

・资料来源：JETRO(2019)。

落后地区吸引外国直接投资的意愿和态度更为积极，这或许意味着中国对日直接投资的仍具发展空间。

三、日本对中国投资开放政策的主要变化

相较于欧盟，日本投资限制指数更低，2018年仅为0.052。具体来看，第一产业投资限制指数为0.069，第二产业为0.005，第三产业为0.077，见图6-11。数据表明以制造业为代表的第二产业基本处于深度开放状态，这或部分说明了政府对于日本制造的信心。即使在指数最高的第三产业中，金融、银行、保险、法律、会计审计、建筑、工程等行业全部实行零限制。整体来看，日本对外商直接投资的开放程度在发达经济体中位于前列，从其发展历程来看不断扩大对外开放，也是日本经济取得成功的重要经验。

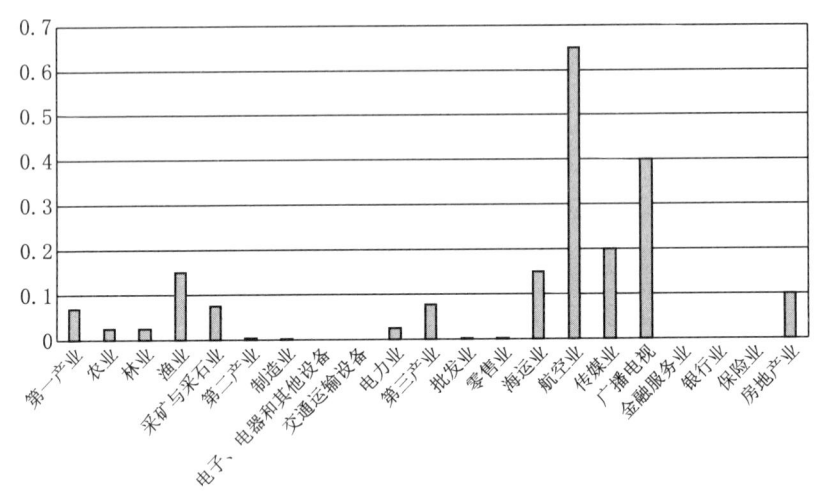

图 6-11　2018 年日本投资限制指数

• 数据来源：OECD.Stat。

受近几年各主要经济体强化外商投资限制的影响，2019 年日本对其《外汇及外国贸易法》予以了修订，主要调整包括：

（一）扩大限制行业范围

针对外商投资以信息科技和通信（ICT）为重点，新增 20 个限制行业，包括集成电路、半导体制造、手机、软件开发、电脑等 20 个新增领域，具体见表 6-5。

表 6-5　日本新增外商投资限制行业

行　业　细　分	日本标准代码	行　业　细　分	日本标准代码
集成电路制造	2814	软件的定制开发	3911
半导体存储介质制造	2831	嵌入式软件	3912
光盘、磁带和光盘制造	2832	打包软件	3913
电子线路安装板制造	2842	区域电信	3711
有线通信设备制造	3011	远程通信	3712
手机和个人手持电话系统制造	3012	有限广播和电话	3713
无线电通信设备制造	3013	其他固定通信	3719
计算机制造（个人计算机除外）	3031	移动通信	3721
个人计算机制造	3032	信息加工	3921
外部存储器制造	3033	互联网使用支持	4013

• 资料来源：日本财务省。

确定某公司是否从事上述限制性业务以事实为依据。日本政府提醒潜在的外国投资者应对任何目标公司的业务进行彻底调查,并以非正式方式向财务省或其他相关部门咨询,以评估需要事先审查的风险。从 8 月 1 日起,外国公司如果要购买上述 20 个行业中任何一家日本公司 10% 的股份,需要得到日本政府的事先批准。

(二)强化事前报告机制

法律修订前,该机制只适用于对日本上市公司 10% 及以上股权的投资。法律修订后规定:外国投资者若非日本企业也非白名单国家企业,一旦获得上述限制行业上市公司 1% 或以上的股权,必须依法事先通知日本财务省或与该业务有关的政府部门并接受审查。报告材料提交后,外国投资者一般需要等待 30 天才能知晓筛选结果。如果任何政府部门认为有必要花费更多时间进行筛选和审查,则可延长至五个月。日本政府还指出:针对可能严重影响日本安全的情况,如带来重要的技术外流或对日本国防生产技术基地、集成电路制造业等造成损失,政府有权决定采取必要措施。

外国投资者如果希望获得事前报告的豁免,必须同时满足三个条

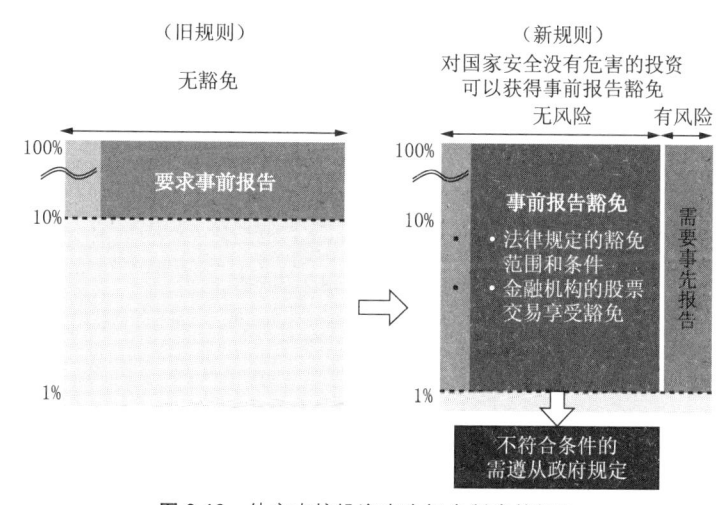

图 6-12 外商直接投资事先报告制度的豁免

- 资料来源:日本财务省。

注:不同的颜色代表股权比例,左边外国投资者股权投资在 1%—10% 之前无须事前报告。右边表示股权占比 1% 以上即被要求接受筛选和审查,结果或是要求报告,或是获得报告豁免。

件:(1)外国投资者及其近亲属不得成为被投资公司董事会成员;(2)外国投资者不得向董事会或股东大会提出转让或处置被投资公司的重要经营活动;(3)外国投资者不得获取被投资公司可能影响国家安全的技术。但在任何条件下,国有企业投资都不能获得豁免。

(三)加强事后申报管理

外国投资者直接或间接持有日本公司10%或以上的流通股(考虑到外国投资者任何预先持有的股份),日本政府要求外国投资者向日本财务省(通过日本银行)和其他相关政府部门提交事后交易报告,报告应在交易完成当月的下一个月的第15天前(如果第15天是假日,则应在前一个工作日)完成。

《外汇及外国贸易法》的修订对中国企业在日直接投资带来了一定的挑战,主要是中国企业在ICT领域的市场准入受阻,学习和引进日本在该领域的高端技术和先进管理经验或将障碍重重。最新的挑战来则自2020年Covid-19疫情。3月5日,日本首相安倍晋三主持了"未来投资会议",他听取了财界领袖们的意见之后指出:在中国向日本出口的产品供给出现减少、整个产业链遭受影响的担忧中,必须考虑让那些对一个国家依存度较高的产品、附加价值高的产品,引导其生产基地回归日本国内。如果做不到这一点,则该产品生产尽量不要依存于一个国家,而要向东南亚各国转移,实现生产据点的多元化。在此会议精神的指导之下,前述财政刺激计划中设置了专门的"改革供应链"项目,列出专项资金2 435亿日元,其中2 200亿日元将用于资助日本企业将生产线迁回日本本土,235亿日元将用于资助日本公司将工厂转移至其他国家。该计划将对中国对日直接投资产生一定程度影响,主要体现在:一是部分中低技术密集产品的生产线和供应链或回流至日本,日本政府为鼓励和保护该类行业和企业在本土的发展,将对外资采取更为谨慎的态度;二是对于高技术密集度产品而言,日本政府将继续秉承严格的审查制度。但中长期来看,双方在个别领域虽然存在竞争,但互补性也将长期存在,合作大于竞争,中日双边投资关系健康发展的基本方向不会变化。

四、中日投资谈判进展

中日韩 FTA 与 RCEP 谈判同时起步,已历时六年。在当前经济全球化和自由贸易体制受到冲击、外部环境压力加大的情况下,中日韩三国领导人达成了积极推动协议谈判进程的共识。2019 年主要谈判进展如下:

4 月,三国在日本东京举行了中日韩自贸区第 15 轮谈判,这是中日韩三方自 2018 年底达成全面提速谈判共识后举行的首轮谈判。三方举行了首席谈判代表会议、司局级磋商和 10 多个具体议题的分组会议,就货物贸易、服务贸易、投资、规则等重要议题深入交换意见。三方一致同意,在三方共同参与的 RCEP 已取得共识的基础上,进一步提高贸易和投资自由化水平,纳入高标准规则,打造"RCEP＋"的自贸协定。

11 月,三国在韩国首尔举行了中日韩自贸区第 16 轮谈判,三方先期举行了司局级磋商,以及货物贸易、服务贸易、投资等 11 个工作组会议;谈判期间,三方围绕货物贸易、服务贸易、投资和规则等重要议题深入交换了意见。三方在 RCEP 基础上,就进一步提升贸易投资自由化便利化水平、打造"RCEP＋"的自贸协定深入交换意见,一致认为建立中日韩自贸区符合三国共同利益,特别是在当前贸易保护主义抬头、全球经济形势复杂严峻的背景下,应按照三国领导人达成的共识,加快谈判进程,积极打造一份全面、高质量、互惠且具有自身价值的自贸协定,进一步挖掘三国经贸合作潜力,为世界经济增添新动能。

12 月,李克强总理在成都与韩国总统文在寅、日本首相安倍晋三共同出席第八次中日韩领导人会议,并就深化三国合作提出建议。其中关于经贸关系,他提出要加速自贸谈判,推动区域经济一体化;并指出中日韩三国作为 RCEP 的坚定支持者,应推动 2020 年如期签署协议。同时加速中日韩自贸区谈判,早日建成更高标准的自贸区,实现更高水平的贸易和投资自由化便利化。

展望未来,尽管谈判仍将面临诸多不确定性因素,但三方合作前景仍值得期待。从时间维度上来看,RCEP 的签署或快于中日韩 FTA,并为三国 FTA 的协商提供参考。从价值维度上来看,三国均追求达成高水平、高附加值的自贸协定,避免其功能被 RCEP 覆盖。这主要表现为 FTA 开放程度更高、自由化范围更广等特点,即贸易自由化率高于 RCEP,谈判范围从传统货物贸易扩展到服务贸易甚至投资自由化领域,力图为三国企业提供稳定、透明、可预见的政策框架和营商环境。如此,三方唯有认清共同利益,充分发挥产业互补性,才能为东亚经济资源的合理配置和全球贸易自由化争取更大发展空间。

五、中国对日投资典型案例

江苏宿迁市百宝新媒体有限公司成立于 2016 年,注册资本 125.514 3 万元人民币。百宝新媒体是一家母婴社交电商平台,由母婴主题电商平台"小小包麻麻"拓展升级而来。现有的媒体矩阵内涵盖了母婴、女性领域的十多个顶级自媒体公众号(见表 6-6),同时出售育婴产品和婴儿膳食补充剂。目前粉丝已突破 2 000 万,电商月营收达 1 亿元,已在北京、郑州、杭州和上海设有基地。

受日本婴儿用品在中国的普及带动,百宝新媒体一直通过日本经销商在日本为中国市场采购产品。为加强本地采购,扩大国内销售,2019 年 2 月百宝新媒体在大阪成立了子公司——百宝有限公司。除了婴儿用品外,百宝公司还计划开始为抚养孩子的父母购买日本化妆品和保健食品。

在日本引进外资战略向"创造创新"和"复兴地方经济"调整之后,跨境电商平台在日本深受外资主管部门和地方政府欢迎,百宝新媒体在日投资已被日本贸易振兴会(JETRO)列为 2019 年成功案例之一。

表 6-6　百宝新媒体矩阵

序号	自媒体公众号	主　要　特　征
1	小小包麻麻	800 万父母关注,包括 0—4 岁前沿育儿知识
2	MICHAEL 钱儿频道	专注儿童双语启蒙与教育
3	说说咱家娃	0—3 岁的育儿百科全书
4	宝宝营养辅食	国家二级营养师推出的 800 道辅食菜谱
5	小楼聊心理	分享欧美最前沿儿童心理学知识
6	包妈课堂＋包妈好物说	专注于科学育儿
7	北欧三宝妈	关注欧美靠谱育儿
8	APPLE 妈咪视角	关注澳新靠谱育儿
9	涵涵妈聊绘本	关注宝宝喂养、儿童心理、亲子阅读等
10	魔力科学小实验	儿童科学小试验视频 TENCENT 深度合作伙伴,全网 3 万亿次播放
11	忍不住种棵草	汇集美妆、时尚、生活方式
12	小雪老师讲故事	每天为 3—12 岁儿童及家长推荐精选绘本

• 资料来源:百宝新媒体官网。

第二节　中国对俄投资研究

2019 年是中俄建交 70 周年,为巩固和进一步发展双方战略协作伙伴关系,双方均力图通过努力,进一步发展对两国关系具有"压舱石"作用的经贸关系,使双方经贸关系向更大规模、更深层次和更高水平迈进。

一、俄罗斯经济增长概况

2019 年俄罗斯实际 GDP 增速为 1.3%,该年度俄罗斯的经济表现可归纳为三个特点:一是低开高走,二是增速明显放缓,三是总体保持稳定。拉低经济增速的主要原因在于内外部因素的交织叠加,外部影响因素在于西方持续对俄制裁、俄与欧佩克(OPEC)达成减产协议以及原油价格的下降;内部影响因素在于投资活力不足和增值税上调后致使消费疲软。具体来看:

（一）经济基本面：2019年GDP增速低开高走，2020年经济全面承压

OECD季度数据显示，俄罗斯GDP环比增速分别为−0.1%、0.6%、0.5%和0.6%，见图6-13。受制于外部需求减弱和内部投资乏力等因素，俄罗斯经济开局低迷。下半年俄经济"回勇"势头明显，主要由国家项目实施、农业和工业表现强劲等积极因素带动。

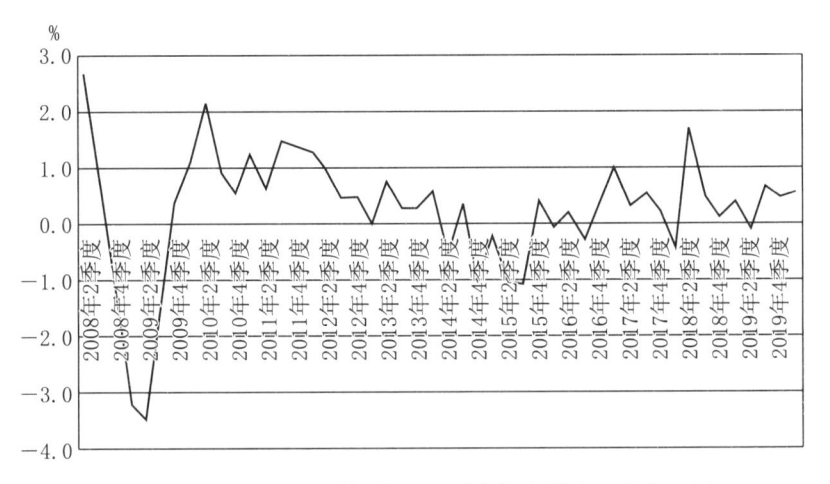

图6-13　2008—2019年俄罗斯GDP季度增速（较上一季度环比）

· 数据来源：OECD STAT。

从失业率来看，截至11月数据描绘出一条U形曲线，峰值出现在1月和2月，失业率达到4.9%；低值4.3%—4.5%集中于年中，8月4.3%的失业率创下历史新低；9月后有所回升，10—12月保持稳定，均值为4.5%—4.6%，见图6-14。整体来看，俄罗斯全年失业率较为平稳，波动幅度较小。极高值与年初经济低迷密切相关，极低值主要与政府有效推进"促就业"措施有关，包括向失业者提供职业导向和培训服务等。

从通货膨胀来看，数据显示俄罗斯月度通胀率呈现前高后降的格局（见图6-15）。上半年通胀维持高位，连续4个月在5.0%以上；下半年持续回落，归因于一系列暂时性和持续性的反通胀因素。具体包括农业

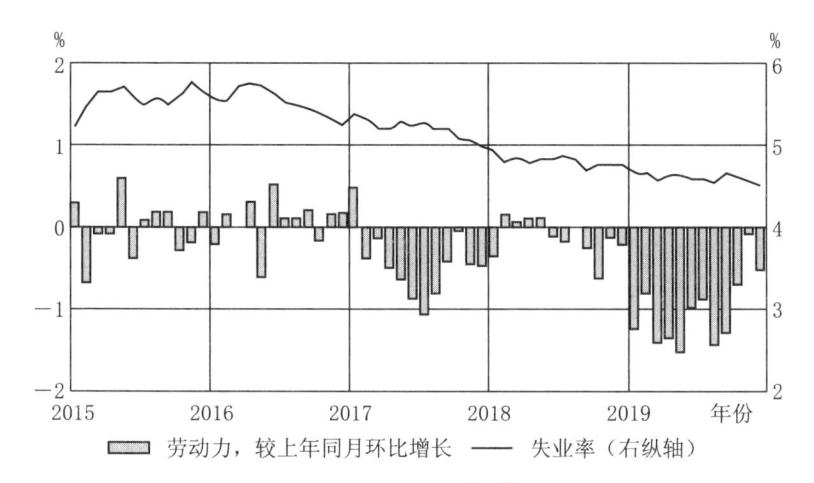

图 6-14　2015—2019 年俄罗斯失业率

• 数据来源：俄罗斯央行。

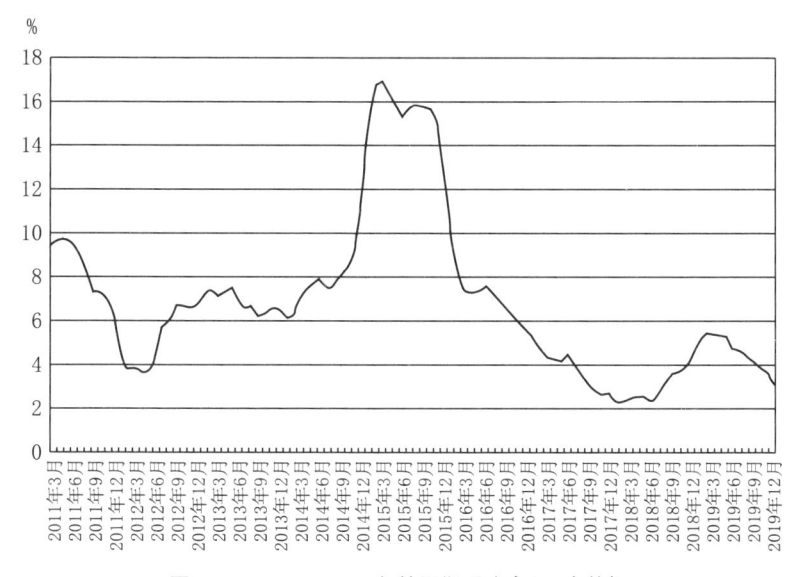

图 6-15　2011—2019 年俄罗斯通胀率（月度数据）

• 数据来源：OECD STAT。

丰收增加了个人食品供应，卢布升值制约了进口商品的价格上涨，温和的内外部需求则是更为持久的因素。截至 12 月，通胀率已降至 3.05%。进入 2020 年之后，受 Covid-19 影响，通胀持续走低，前三个月通胀率分别为 2.42%，2.31%和 2.55%。

从企业信心指数来看，较 2018 年中的高值，前三季度俄罗斯企业信心指数渐渐回落，从 1 月的 98.90 滑落至 9 月的 98.22。作为一个取值在 0—200，以 100 为临界值的景气指标，年初以来低于 100 的指数表明俄罗斯经济整体处于欠景气状态，企业家信心有待恢复。第四季度政府支出的增加、实际工资的上涨，以及国家项目的推进，将支撑俄罗斯的总需求，或能同步提升企业家信心。

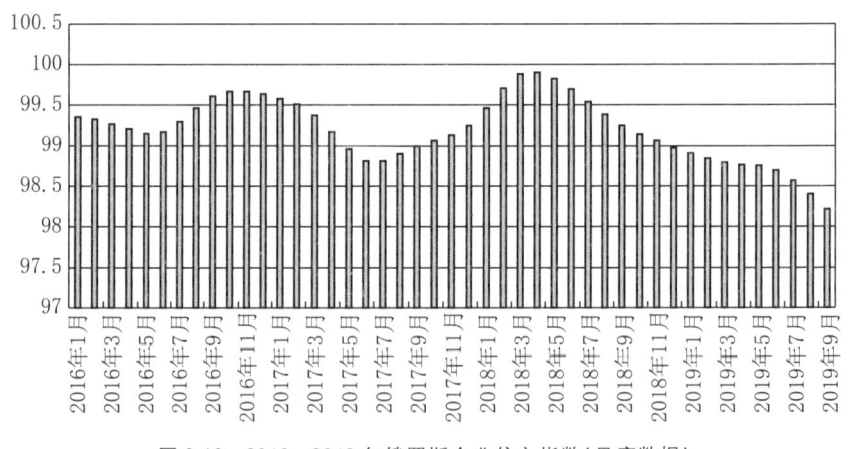

图 6-16　2016—2019 年俄罗斯企业信心指数（月度数据）

• 数据来源：OECD STAT。

整体而言，西方制裁和卢布暴跌等极端不利条件"淬炼"了俄罗斯经济的韧性，俄罗斯政府的宏观调控能力也在应对外部危机中得以提升，对内推动经济结构转型升级，对外更积极地"向东看"，加强同亚太地区的合作。自第二季度开始，经济数据回暖表明俄罗斯正逐步适应外部发展条件。若无 Covid-19 疫情影响，俄罗斯经济或将更有活力，俄罗斯央行在疫情前对 2020 年的实际 GDP 增速预测为 1.5%—2.0%。

但疫情将大幅改变俄罗斯 2020 年的经济走势。4 月开始，俄罗斯确诊病例急剧攀升，截至 24 日已达到 68 222 例，见图 6-17。疫情导致俄罗斯内外需同时收缩。3 月初以来国际油价的大幅跳水对其经济更是雪上加霜。俄央行数据显示,年初以来俄罗斯油价已跳水 70%,尤其是近日 WTI 原油期货价格跌至负数,也传导至俄罗斯。根据 IMF 的预测,2020 年俄罗斯实际 GDP 增速将下降为－5.5%。这与俄央行 4 月的最新预测基本一致,俄央行预测 2020 年该国 GDP 将整体收缩 4%—6%,主要影响因素包括出口下降 10%—15%,固定资本投资下降 6%—10%。但俄央行对于 2021—2022 年的经济持有充足信心,预计 2021 年有望实现 3%—5% 的实际 GDP 增速,2022 年也可达到 1.5%—3.5%。

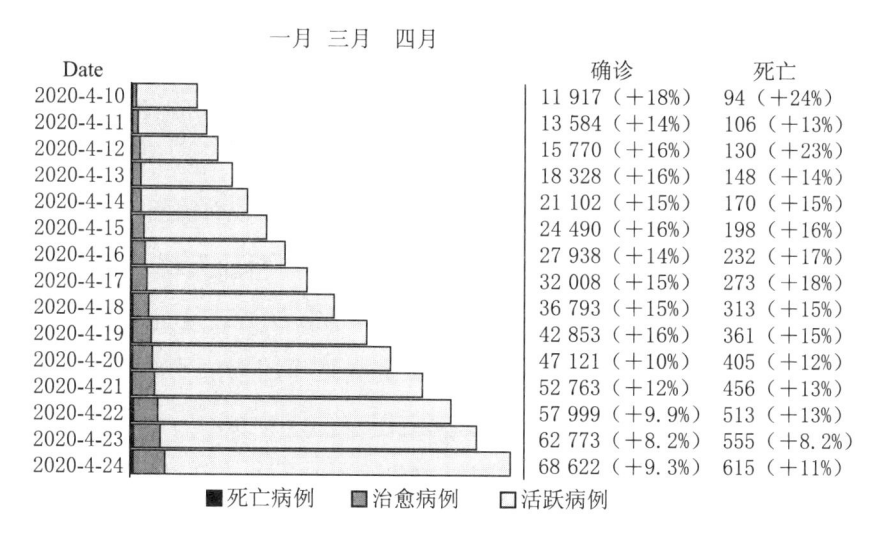

Date	确诊	死亡
2020-4-10	11 917 (+18%)	94 (+24%)
2020-4-11	13 584 (+14%)	106 (+13%)
2020-4-12	15 770 (+16%)	130 (+23%)
2020-4-13	18 328 (+16%)	148 (+14%)
2020-4-14	21 102 (+15%)	170 (+15%)
2020-4-15	24 490 (+16%)	198 (+16%)
2020-4-16	27 938 (+14%)	232 (+17%)
2020-4-17	32 008 (+15%)	273 (+18%)
2020-4-18	36 793 (+15%)	313 (+15%)
2020-4-19	42 853 (+16%)	361 (+15%)
2020-4-20	47 121 (+10%)	405 (+12%)
2020-4-21	52 763 (+12%)	456 (+13%)
2020-4-22	57 999 (+9.9%)	513 (+13%)
2020-4-23	62 773 (+8.2%)	555 (+8.2%)
2020-4-24	68 622 (+9.3%)	615 (+11%)

■死亡病例　■治愈病例　□活跃病例

图 6-17　2020 年 4 月 10 日—24 日俄罗斯 COVID-19 确诊和死亡病例情况

• 数据来源:TASS。

(二)宏观政策面:2019 年央行连续五次降息,2020 年多策齐下应对紧缩

俄罗斯央行在通胀目标框架内实施其货币政策,主要目标是通过维持物价稳定来确保卢布汇率的可持续性,这最终意味着实现稳定的低通胀。2019 年,俄罗斯继续实施宽松货币政策,于 6 月、7 月、9 月、10 月和 12 月连续五次降息,将关键利率由 7.75% 降至 6.25%,累计降息幅度 150 基点。其中,第四次降息幅度达到 50 基点,为年度最大降息,超

过市场预期。俄罗斯央行指出,加大政策刺激力度的原因主要是俄罗斯经济增速依然低迷,且全球经济增长出现显著放缓的风险持续存在;并表示贷款利息仍有进一步下降的可能。2020年俄央行将进一步评估货币政策的调整空间,特别是各细分市场利率的变化情况和相关核心指标。

2019年1月1日起,俄罗斯增值税税率正式从18%提高到20%,同时保留了10%和0%的两档优惠税率。食品(肉制品、面包和鸡蛋等)、儿童产品、教科书等书籍和医疗用品仍适用10%优惠增值税率;出口货物,实施自由关税区程序货物,以及提供俄境内国际组织官方使用的货物、劳务和服务仍适用零增值税税率。俄罗斯财政部调增税率的初衷在于增加下滑的财政收入,从而有利于社会项目获得长期资金来源,以及不至于因外部经济环境波动导致国家投资项目受到影响。据测算,增值税税率的调增将为俄罗斯联邦预算收入每年增加大约6 200亿卢布。但税率上调最初的负面影响是明显的,通胀维持高位,消费者信心受挫。但后续负面影响在通胀温和、工资上涨等因素的影响下已逐步减弱。

乌克兰危机之后,美国和欧盟对俄罗斯采取了多轮制裁措施。作为回应,俄罗斯采取了主要包括限制进口农产品、原料及食品的反制裁措施;并于每年6月举行工作会议,商讨是否需将俄方反制裁措施延长。2019年,美国对俄经济制裁主要目标仍然是俄国有银行及大型公司,包括军火、石油等俄罗斯经济支柱行业。具体措施如对俄钢铝商品加增关税;禁止美国本土银行贷款给俄罗斯企业;禁止美国个人或公司购买或持有某些俄银行发行的国债;对"北溪2号"和"土耳其流"天然气管道建设项目制裁等。欧盟对俄的主要制裁包括:限制俄罗斯3家能源企业、3家防务企业、5家国有金融机构及其主要控股子公司进入欧盟资本市场的一级和二级市场;禁止欧盟同俄罗斯进行武器进出口贸易;限制俄获取涉及石油勘探和生产等领域的技术或服务;禁止向俄出口可用作军事用途的军民两用产品等。面对长期制裁,俄罗斯一方面采取了必要的反制裁措施;另一方面更专注于"修炼内功",经济逐步摆脱困境并趋于平稳增长。

步入2020年以来,俄罗斯适时调整了汇率政策和货币政策。为稳定汇市,俄央行采取了在国内市场出售外汇、向俄银行系统注入5 000亿卢布,以及从3月10日起停止在国内市场上购买外汇等措施。且俄央行表示如果乌拉尔原油价格不恢复到每桶42.4美元以上,俄央行将一直停止购汇,因为俄罗斯政府此前在设计预算架构时就已规定,乌拉尔原油价格只有达到每桶42.4美元才能平衡预算。为应对Covid-19的冲击,4月24日俄央行在议息会议上决定将基准利率从6%下调至5.5%,这是俄央行2020年以来的第一次降息,而调整后的利率水平已为2012年来最低。在财政政策方面,俄罗斯目前用于支持经济应对危机的资金总额已超过俄2019年GDP的5%,往后看,俄罗斯或将实施更大胆的经济刺激政策,比如进一步扩大政府支出、加大货币供应来补偿国家福利基金,再如俄罗斯央行购买政府债券,等等。

二、中国对俄投资基本情况

2019年,中俄投资合作不断拓展。根据商务部的统计,1—10月中国对俄罗斯的全行业直接投资同比增长了10.7%,新签工程承包合同153.8亿美元,是上年的5倍多。投资领域从传统的能源油气、农林开发延伸至汽车、家电、食品加工等制造业,投资方式也由传统的绿地投资向参股、并购、设立基金等领域拓展。双方还正在积极推进中俄联合科技创新基金的组建工作,助力科技创新领域投资合作。

从投资规模来看,2019年中国对俄直接投资较之2018年增幅达到70%。[1]根据俄罗斯央行公布的国际收支余额数据显示(见表6-7),

---

[1] 数据来自俄罗斯卫星通讯社报道。

2019年前二季度中俄双边投资中,中国(内地)对俄实现了净流入,分别为1.15亿美元和900万美元。尤其是第一季度数据较之2018年的负值,表现亮眼。中国香港地区前两季度的投资力度也明显高于2018年。

表6-7 中国对俄罗斯的直接投资
(国际收支平衡表数据,流入减流出)　　　　　　　　(百万美元)

地区	2017年					2018年					2019年	
	第一季度	第二季度	第三季度	第四季度	合计	第一季度	第二季度	第三季度	第四季度	合计	第一季度	第二季度
内地	254	136	−360	110	140	−10	18	−44	24	−13	115	9
香港	26	100	409	38	573	−32	65	91	11	135	−3	67

• 数据来源:俄罗斯央行。
注:正值代表净增加,负值代表净减少。

从投资方式来看,中国对俄投资采用了股权投资、债务工具投资和企业盈利再投资等多种形式。2016年,债务投资和股权投资均实现了净增长,分别为1.26亿美元和1.86亿美元。但自2017年以来,债务投资连续出现负值,股权投资保持正增长,这或说明股权投资更受中国企业青睐。具体见表6-8。

表6-8 中国对俄罗斯的投资形式
(国际收支平衡表数据,流入减流出)　　　　　　　　(百万美元)

投资方式	2017年					2018年					2019年	
	第一季度	第二季度	第三季度	第四季度	合计	第一季度	第二季度	第三季度	第四季度	合计	第一季度	第二季度
股权	171	19	36	56	282	35	44	18	34	130	122	17
债务	110	70	−430	84	−166	−98	−34	−24	−17	−173	−12	−9
盈利	−27	47	34	−30	24	53	8	−38	6	30	6	1

• 数据来源:俄罗斯央行。
注:正值代表净增加,负值代表净减少。

股权投资中,中国企业对俄罗斯银行业和其他部门新发行股票的关注度经历了从低到高再趋于稳定的过程。2019年前二季度分别实现1亿美元和700万美元的净增长。如果再纳入香港数据,净增长合计达到1.32亿美元,见表6-9。

表 6-9 中国对俄罗斯银行和其他部门新发行股票的直接投资
(国际收支平衡表数据,流入减流出)　　(百万美元)

年份		内地	香港
2009		43	4
2010		61	16
2011		31	38
2012		111	6
2013		165	7
2014		89	48
2015		339	15
2016		93	60
2017		236	149
2018	第一季度	18	1
	第二季度	34	3
	第三季度	15	11
	第四季度	31	6
	小　计	98	21
2019	第一季度	100	8
	第二季度	7	17
	小　计	107	25

• 数据来源:俄罗斯央行。
注:数据中不包括盈利再投资,并购和债务工具投资,包括非居民的房地产投资。正值代表净增加,负值代表净减少。

从投资领域来看,核领域一揽子合作全面启动实施;中俄东线天然气管道建设进展顺利,已于 2019 年 12 月份启动供气;中国企业已顺利参股北极液化气-2 项目;同江铁路桥、黑河公路桥已成功合龙,配套口岸建设正在积极推进;中俄还正在组建联合科技创新基金,在航空、航天、卫星导航、信息技术等领域的合作也在顺利推进。代表性投资协议签署情况见表 6-10。

同时,中国积极落实"中俄远东合作发展规划(2018—2024 年)"和"东北—远东"农业发展规划。在中国东北地区和俄罗斯远东及贝加尔地区政府间合作委员会等机制的具体推动下,中俄远东开发合作势头良好,已经进入贸易与投资相互促进、良性互动的发展新阶段。截至 2019

表 6-10　2019 年中国对俄的代表性投资领域

序号	协 议 内 容	签署时间
1	中核集团全资子公司中核苏能核电有限公司与俄罗斯原子能建设出口股份有限公司签订《田湾核电站 7、8 号机组总合同》，合同金额为 17.02 亿美元，这标志着中俄迄今最大核能合作项目进入全面实施阶段	2019 年初
2	福耀玻璃集团投资 3 亿卢布在 Kaluga 工厂的自动生产线。预计玻璃销量 2020 年将增长 20%，客户包括奔驰、沃尔沃、尼桑、现代等	2019 年 3 月
3	中俄签署《关于创建 10 亿美元风险投资基金的备忘录》，该基金将由俄罗斯直接投资基金和中国投资有限责任公司进行投资，用于开发关键经济部门的新技术。基金将运行 8 年，并可两次展期，每次两年	2019 年 6 月

年 9 月，中方企业投资远东跨越式发展区和自由港项目 49 个，协议金额 27 亿美元，已成为远东第一大外资来源国。双方在基础设施、农林开发、能源资源、港口物流、科技创新等领域的合作项目稳步推进；自由港地区实施的中方投资项目主要涉及建材、农业、有色和贵重金属开采、机器制造以及食品生产等行业；投资最多的行业为不动产业、渔业和水产养殖业、物流和运输业等。未来俄罗斯计划投资 2 000 亿卢布建设后贝加尔超前发展区，该超前发展区将实施 15 个项目，在工业、农业和采矿领域新增 9 000 多个就业岗位，这将为中国企业提供更多的投资机会。

总体看，中俄经贸合作正在加速提质升级，向高质量发展目标持续迈进。往后看，短期内受疫情影响双方合作将有所趋缓；但中长期来看，双方将在做大做强传统贸易的基础上，不断培育新的合作增长点，积极推进战略大项目合作，加快商谈经贸制度安排，推动地方合作持续深入。

三、中俄投资谈判进展

2018 年 5 月 17 日，哈萨克斯坦阿斯塔纳经济论坛期间，商务部国际贸易谈判代表兼副部长傅自应与欧亚经济委员会执委会主席萨尔基相及欧亚经济联盟（本节以下简称"联盟"）各成员国代表共同签署了《中华人民共和国与欧亚经济联盟经贸合作协定》（本节以下简称"《协定》"）。欧亚经济联盟是欧亚地区的区域经济一体化组织，成立于 2015 年 1 月 1 日，其前身为俄白哈关税同盟，现包括俄罗斯、哈萨克斯坦、白俄罗斯、吉尔吉斯斯坦和亚美尼亚共5个成员国和摩尔多瓦1个观察员国。联盟旨在消除盟内关税和非关税壁垒,实现货物、服务、资本和劳动力的自由流动,推行协调一致的经济政策。其协调和执行机构——欧亚经济委员会位于莫斯科。

《协定》主要内容包括正文和附件:正文部分除序言外共13章,分别为总则、透明度、贸易救济、技术性贸易壁垒、卫生与植物卫生措施、海关合作与贸易便利化、知识产权、竞争、政府采购、部门合作、电子商务、机制条款和最终条款。附件为联合委员会议事规则和联络点的指定。《协定》在货物和服务贸易待遇上,适用于最惠国原则,不构成世界贸易组织(WTO)项下的例外。

《协定》的主要特点体现在三个方面:一是从规则和政策对接起步,为双方提升经贸合作水平奠定坚实基础。二是重点领域包括海关合作与贸易便利化、技术标准、检验检疫、贸易救济等方面,有利于提升贸易便利化水平,促进公平竞争,为产业发展营造良好环境,也为未来建立自贸区打下坚实基础。三是涵盖知识产权、政府采购、电子商务等新议题,开辟了双方更广阔的合作领域和空间。在当前全球治理体系发生深刻变革、经济全球化遇到波折的情况下,充分体现了双方携手推动贸易投资便利化和自由化的坚定决心。

2019年10月25日,国务院总理李克强与欧亚经济联盟各成员国(俄罗斯、哈萨克斯坦、白俄罗斯、吉尔吉斯斯坦和亚美尼亚)总理共同发表《关于2018年5月17日签署的〈中华人民共和国与欧亚经济联盟经贸合作协定〉生效的联合声明》,宣布《协定》正式生效。联合声明表示,《协定》的生效是建设共同经济发展空间、实现"一带一路"倡议与欧亚经济联盟对接,以及"一带一路"倡议与大欧亚伙伴关系倡议协调发展的重要举措,认为《协定》将有助于双方在经贸领域开展互利合作和建设性对话,有必要尽早顺利启动旨在促进双边贸易与合作的《协定》条款的实施工作,并保证包括《协定》联合委员会在内的合作机制应有的作用。

该《协定》是中国与欧亚经济联盟首次达成的经贸方面重要制度性安排,标志着中国与联盟及其成员国经贸合作从项目带动进入制度引领的新阶段,对于推动"一带一路"建设与欧亚经济联盟建设对接合作具有里程碑意义。

四、中国对俄投资典型案例

2019年12月2日,中俄东线天然气管道正式投产通气。该项目是中俄能源合作的标志性项目,被誉为"中俄合作的世纪工程"。项目合作方是中石油与俄气公司,项目签署于2014年5月,合同约定总供气量超过1万亿立方米、年供气量380亿立方米,期限30年,投资金额超过4 000亿美元;项目主体建设包括俄罗斯境内的西伯利亚力量管道和中方境内的中俄东线天然气管道。

俄罗斯境内的西伯利亚力量管道起自科维克金气田和恰扬金气田,沿途经过伊尔库茨克州、萨哈共和国和阿穆尔州等三个联邦主体,直达布拉戈维申斯克市的中俄边境,管道全长约3 000公里,管径1 420毫米。管道一期工程建设自恰扬金气田至中俄边境管段,长度约2 200公里,之后还将建设连接科维克金气田与恰扬金气田之间的管道二期工程,长度约800公里。

中国境内的中俄东线天然气管道从黑龙江省黑河市入境,途经黑龙江、吉林、内蒙古、辽宁、河北、天津、山东、江苏、上海9个省、市、自治区,全长5 111公里。其中,新建管道3 371公里,利用在役管道1 740公里,全线分北段、中段、南段进行建设。目前已完成的北段工程包括一干三支,线路全长1 067公里。

管道的建设投产将惠及中俄双方。一方面让中国的天然气供应更加多元、稳定,有利于中国沿线地区优化能源消费结构,缓解大气污染;另一方面助推俄罗斯能源出口的"东进",为俄罗斯远东地区加速基建、创造就业提供了机遇,也将极大改善俄罗斯对欧谈判的地位。

第七章
中国对外投资——亚洲"一带一路"篇

亚洲"一带一路"沿线国家多为发展中国家,与发达国家相比,一方面,这些国家经济发展程度各异,存在较为复杂的社会、民族、宗教问题,甚至有些国家政局动荡,投资环境的不确定性较高。另一方面,许多"一带一路"沿线国家近年来经济活力充沛,国内需求旺盛,资源和劳动力供给较为充裕,对外国直接投资有较大的吸引力。如何尽快提升海外投资管理能力,有效融入当地社会,在获得企业自身发展的同时,为当地社会经济发展做出贡献,成为中资企业面临的重大课题。

第一节　中国对亚洲"一带一路"沿线国家投资的流量和存量

亚洲是中国对外直接投资最大的目标市场,东盟是中国内地除中国香港地区之外对外直接投资流量和存量最大的经济体。"一带一路"倡议进一步加强了中国与亚洲各国的经贸联系,促进了中资企业对沿线国家的投资。截至2020年上半年,中资企业对沿线国家的投资继续保持较好的增长势头。

据《2018中国对外直接投资发展报告》统计,亚洲是中国对外直接投资最大的目标市场。据《2018年度中国对外直接投资统计公报》,从流量看,2018年末,中国境内投资者在"一带一路"沿线的63个国家设立境外企业超1万家,涉及国民经济18个行业大类,当年实现直接投资178.9亿美元,同比下降11.3%(流向采矿业投资为负值),占同期中国对外直接投资流量的12.5%。从行业构成看,流向制造业的投资58.8亿美元,同比增长42.6%,占32.9%;流向批发和零售业37.1亿美元,同比增长37.7%,占20.7%;流向电力生产和供应业16.8亿美元,同比增长87.5%,占9.4%;流向科学研究和技术服务业6亿美元,同比增长45.1%,占3.4%。从国别构成看,主要流向新加坡、印度尼西亚、马来西亚、老挝、越南、阿拉伯联合酋长国、柬埔寨、俄罗斯联邦、泰国、孟加拉国等国家。2013—2018年,中国对沿线国家累计直接投资986.2亿美元。

从存量看,2018年末,中国内地在亚洲的投资存量为12 761.4亿美元,占64.4%,主要分布在中国香港地区、中国澳门地区,以及新加坡、印度尼西亚、马来西亚、老挝、哈萨克斯坦、韩国、阿拉伯联合酋长国、柬埔寨、泰国、越南、缅甸、印度、以色列、巴基斯坦等;中国香港地区占亚洲存量的86.2%。

2018年中国对东盟的直接投资流量为136.94亿美元,存量为1 028.58亿美元,东盟是中国对外直接投资流量和存量均较大的经济体。截至2018年末,中国在东盟设立企业超过5 200家,雇用外方员工近43万人。

据商务部统计,中国企业在"一带一路"沿线对54个国家非金融类直接投资571亿元人民币,同比增长23.8%(折合81.2亿美元,同比增长19.4%),占同期总额的15.8%,较上年同期提升3.2个百分点,主要投向新加坡、印度尼西亚、老挝、柬埔寨、越南、马来西亚、泰国、哈萨克斯坦和阿联酋等国家。对外承包工程方面,上半年中国企业在"一带一路"沿线的59个国家新签对外承包工程项目合同2 289份,新签合同额4 240.2亿元人民币,占同期中国对外承包工程新签合同额的56.3%,同比下降1.7%(折合603亿美元,同比下降5.2%);完成营业额2 501.2亿元人民币,占同期总额的58.7%,同比下降4.4%(折合355.7亿美元,同比下降7.8%)。[1]

---

[1] 中国商务部.2020年上半年中国对"一带一路"沿线国家投资合作情况,http://www.mofcom.gov.cn/article/i/jyjl/j/202008/20200802988729.shtml,2020年8月2日.

第二节 新冠肺炎疫情对亚洲经济的影响

疫情暴发初期,新冠肺炎疫情对亚洲各国经济产生了严重的影响,旅游、交通、贸易行业是最初受到冲击的行业。同时,由于亚洲是中间品贸易的重要供应地,"一带一路"沿线国家又是全球供应链的重要原材料来源和生产制造基地,因此,亚洲供给的中断对全球供应链将造成严重影响。2020年5月以来,亚洲部分国家的疫情出现缓解趋势,不少国家的经济也纷纷走上恢复之路。

亚洲开发银行(亚行)分析显示,新冠肺炎疫情将对亚洲发展中经济体的诸多方面产生重大影响,造成内需大幅下降,旅游和商务出行减少,贸易和生产下滑,供应中断,健康受到威胁。经济损失规模将取决于目前仍难以预测的疫情走向。分析指出,疫情对全球经济的影响程度不一,大约在770亿—3 470亿美元之间,占全球国内生产总值(GDP)的0.1%—0.4%。

如果影响为中度,在一月底疫情暴发加剧、各种限制实施的3个月后将开始放宽防范措施和旅行禁令等限制,那么全球损失将高达1 560亿美元,占全球GDP的0.2%。其中,中国的损失将达到1 030亿美元,

表7-1 不同情况下的影响预测

区域	轻度 占GDP的百分比	轻度 损失(10亿美元)	中度 占GDP的百分比	中度 损失(10亿美元)	重度 占GDP的百分比	重度 损失(10亿美元)
全球	−0.1	77	−0.2	156	−0.4	347
中国	−0.3	44	−0.8	103	−1.7	237
中国以外的亚洲发展中国家	−0.2	16	−0.2	22	−0.5	42
世界其他地区	0.0	17	0.0	31	0.0	68

• 资料来源:亚洲开发银行网站,https://www.adb.org/zh/news/covid-19-outbreak-have-significant-economic-impact-developing-asia,2020年3月6日。

占国内GDP的0.8%。其他亚洲发展中国家的损失将达到220亿美元，占其GDP的0.2%。

由于东亚地区在全球价值链中承接了大量中间品制造环节，新冠肺炎疫情可能对相关国家的供应链造成负面影响，进而对全球价值链造成冲击。例如，韩国优势产业包括在电子、汽车、电气设备、造船、钢铁等。OECD数据显示，2015年韩国制造业全球增加值占比3.1%，其中电子产品全球增加值占比7.7%。其他如汽车(4.6%)、电气设备(4.5%)、其他运输设备(4.2%，主要是造船)、金属制品(4.2%，主要是钢铁制品)等行业全球增加值占比也较高。这些优势产业为全球提供较多上游中间品。韩国制造业不仅全球占比高，具备竞争优势，且较多产品处于高附加值的产业链上游，为下游提供零部件。OECD数据显示，2015年韩国为全球供应了4.3%的制造业上游中间品。其中，全球电子产业10.2%的中间品来自韩国。造船、钢铁制品、汽车、电气设备以及橡胶塑料等行业，全球对韩国中间品依赖度也较高。

如果韩国上游中间品供应紧张，越南首当其冲。OECD数据显示，2015年越南电子行业15.9%的中间品来自韩国，电气设备、机械设备对韩依赖度也超10%。考虑到近年来韩国对越南FDI投资加速，预计当前越南对韩国中间品依赖度可能更高。这从另一个指标可侧面验证：越南总商品进口中，韩国商品占比已从2015年的16.7%提升至2019年的19.0%。其他如中国台湾地区、马来西亚、菲律宾、中国大陆等对韩国中间品依赖度也超过1%。

新冠肺炎疫情对原材料生产也产生了不利影响。以天然橡胶为例，天然橡胶是生产医疗手套的重要原料。马来西亚、泰国和印度尼西亚是天然橡胶三大产胶国。

马来西亚曾是疫情较严重的国家。马来西亚政府宣布全国范围实施行动管制令：学校停课；限制群众集会和行动；禁止国人出国；限制所有外国游客及访客入境；除提供必需服务的机构，所有政府机构关闭。

据悉,当时马来西亚五大天然橡胶工厂已关闭四家,部分公司接政府通知在家办公。槟城港宣布封闭,不再接受泰国货物过境。受此影响,泰南、沙墩、董里等地的货物暂时无法装运,正在紧急调配泰国境内港口。三四月正值马来西亚天然橡胶低产季,新鲜胶水产出紧缺,在疫情影响下,马来西亚以及部分泰国天然橡胶供应短时受限。马来西亚是医疗手套生产大国,使用乳胶制作的医用手套属于防疫物资,手套订单已经排到 6—7 月份。

泰国武里喃府、乌泰他尼府相继封城,封闭曼谷及周边县市区的娱乐场所,宋干节(泼水节)假期取消。当时总理巴育表示,泰国尚未进入疫情大肆传染蔓延阶段,所以泰国还没有必要封城或封国。泰国天然橡胶工厂当时未受到影响,工人可正常上班。然而由于疫情影响了需求,泰国天然橡胶出口量明显缩减。本来低产季原料供应是偏紧的,但现货市场交投压价严重,供应商亏损,采购原料的积极性低迷,倒逼原料收购价格走跌,而且即便原料价格下跌,对工厂采购积极性的刺激也很有限。

印度尼西亚当时检测新冠病毒的试剂盒不足,确诊存在一定困难,且民众防范意识相对薄弱。胶价低迷是胶农割胶积极性不高的主要原因,原料产出不足,天然橡胶行业在经济不景气的大环境下难以独善其身。

5 月以来,随着亚洲新冠肺炎疫情持续缓解,多个国家采取了复工措施,力图修复疫情对经济的冲击。马尔代夫、斯里兰卡、泰国、以色列等国均宣布了恢复开放国际旅游的相关措施。

第三节 中国对马来西亚直接投资

马来西亚地处东南亚战略要冲,是第一个与中国建交的东盟国家,第一个邀请中国加入"10+1"的国家,第一个邀请中国参加东亚峰会的国家,是 21 世纪海上丝绸之路的重要门户与节点国家。作为东盟成员中经济发展较快、人均收入水平较高的经济体,马来西亚是中国—东盟关系发展的积极践行者。中马关系在一定程度上代表中国—东盟关系的发展方向,也是中国—东盟关系走向成熟的典型代表。中马战略对接的成功将为中国—东盟未来发展战略对接提供样板,也是成功推进中国—东盟关系走向新阶段的关键。

一、马来西亚投资环境简介

自2013年"一带一路"倡议提出以来,马来西亚的态度整体上趋于积极和正面。不过也应看到,马来西亚国家内部对"一带一路"的认识是存在差异性的,这种差异性使得中马"一带一路"合作在取得较大成果的同时,也出现了质疑中马合作目的、指责中资发展方式以及中资收购遭遇"滑铁卢"等事件,对"一带一路"倡议在当地乃至整个东盟地区的推广造成一定的影响。具体而言,对"一带一路"表现最为积极的是政界和商界。2018年5月重新组阁前的执政党和政府倾向于认同"一带一路"倡议的必要性及其于马来西亚的积极意义,反对党则因当局与中国走得太近,多有顾虑;学界多对"一带一路"的积极意义予以肯定,但同时也对马来西亚如何应对及"一带一路"的可能后果有所质疑;工商界更为关注"一带一路"的经贸层面,也多从经济利益出发持肯定态度;华文媒体对"一带一路"较为关注,但马来语媒体对此缺乏足够兴趣。可见,不同领域人士对"一带一路"的关注重点和程度不同,态度不一。有些领域人士虽然关注度相似,但态度也有差别。

二、中国对马来西亚直接投资情况

据中国商务部统计,2017年当年中国对马来西亚直接投资流量17.22亿美元,截至2017年底,中国对马来西亚直接投资存量49.15亿美元。根据马来西亚投资发展局(MIDA)公布的数据,2017年批准的中国企业在马制造业投资总额是39亿林吉特(约合9.8亿美元),同比下降18.7%。中国连续两年成为马来西亚制造业最大外资来源地。

据中国商务部统计,2017年中国企业在马来西亚新签承包工程合同773份,新签合同额248.53亿美元,完成营业额81.46亿美元;累计派出各类劳务人员18 339人,年末在马来西亚劳务人员27 919人。

中国在马来西亚投资的重点项目和企业主要有马中关丹产业园、广西北部湾国际港务集团关丹港项目、中广核Edra电站项目、中国银行马来西亚分行、中国工商银行马来西亚分行、中国建设银行马来西亚分行、华为技术有限公司、中兴通讯马来西亚有限公司、山东岱银纺织马来西亚有限公司、山东恒源收购壳牌炼油厂项目、中车轨道交通装备东盟制造中心项目、晶科太阳能、晶澳太阳能、旗滨玻璃、信义玻璃、广垦橡胶种植培育项目、厦门大学马来西亚分校等。马来西亚大型承包工程在建项目主要有吉隆坡捷运地铁2号线、吉隆坡标志塔项目马来西亚炼化一体化(RAPID)、巴林基安电站等项目,相关工程进展顺利。

三、马来西亚皇京港项目案例分析

(一)皇京港项目背景

中方与马方共建的皇京港项目位于马来西亚马六甲州西南海岸,是一个集生态旅游、自由贸易免税区、商业地产开发、深水码头及产业园区等功能为一体的综合性开发项目。项目以马六甲岛为基础,自西向东吹填4个人工岛屿,总面积约1 366英亩(约5.53平方公里)。按照规划,第一岛将建造旅游、文化遗产及娱乐区;第二岛将建成物流中心、金融、商业、补给与高科技工业区;第三岛为综合深水码头及高科技海洋工业园;第四岛则为码头、临海工业园。

项目总投入将超过400亿林吉特(约800亿人民币),预计工程将于2025年完工。完工后的深水补给码头将可停靠350米至400米的超大型邮轮,以及20万吨至30万吨的散装货轮,码头还将配备专门的存储设施,用于石油、石化和植物油在内的液体货物的存储。据马六甲皇京港发展商凯杰(KAJ)发展有限公司预测,皇京港项目建成后,能为马六甲州带来超过 1 万亿林吉特的经济效益,并在 10 年内创造出超过 4.5 万个就业机会。中国电建集团、深圳盐田港集团、山东日照港集团均参与了该项目的建设。

皇京港的建成,也将改变马六甲海峡的地缘结构。新的皇京港未建成以前,新加坡港占据了马六甲海峡几乎所有的区位优势,有 250 多条航线往来世界各地,平均每 12 分钟就有一艘船舶进出,吞吐量位居世界第三。这也使得新加坡成为除伦敦、纽约之外的世界第三大金融中心。皇京港建成以后,将分流相当一部分原来前往新加坡港停靠的船舶,将使新加坡失去对马六甲海峡过往船舶资源的独占优势,马六甲海峡将会出现皇京港、新加坡港竞争局面。但就近期来说,皇京港的相关配套设施完善需要一个过程,并且需要经过长期的经营和管理才能形成比较优势,所以短期内对新加坡港的冲击有限。

(二)缺乏对当地法律法规的了解导致工期延误

中国电建集团负责皇京港项目的总承包、设计、采购、施工。在国内建设项目时,如果需要赶工期,电建集团可以做到全年 365 天施工不停歇,即使遇到假期,可以加急办理。但是马来西亚《1955 年雇佣法》对工作时长和加班做了严格的规定,纵使两国政府再重视这个项目,电建集团必须遵守当地法律法规。皇京港项目的工程进度是电建集团根据在国内建设项目的经验制定的,项目部原定 2018 年 4 月底完成填海一期工程的一部分共计 38 英亩(约 15 公顷)土地的交付,但由于工程量大,涉及海事、海警、环保等多个部门,批复流程比较长,而一旦设备损坏,需要更换专门的零件,又需要办理出关入关等手续……这些意外因素导致工期比原定计划有所延后。

(三)工程进度一波三折

2018 年 3 月,由国民阵线执政的马来西亚政府向凯杰发展有限公司发出了港口营运执照。2018 年 5 月 9 日,马哈蒂尔率领的反对党希望联盟赢得第 14 届马来西亚全国选举。新一届政府执政后,马哈蒂尔喊停东海岸铁路项目,也叫停了沙巴和马六甲的天然气输送管项目。尽管马哈蒂尔没有提到马六甲皇京港项目,且经济事务部长阿兹敏在2018年9月告诉媒体,他认为,马六甲皇京港对马来西亚的经济发展有利。但新政府在决策上的不明确态度,导致项目参与方的态度由积极参与转为观望。

2018年10月5日,马来西亚交通部撤销了凯杰发展有限公司发出的港口营运执照。凯杰发展有限公司随后于11月4日向交通部部长陆兆福提呈上诉信函,但毫无回音。于是,凯杰发展有限公司于2019年3月13日向马来西亚高等法庭提交司法审核申请,将马六甲港务局、交通部长陆兆福及马来西亚政府列为此案的答辩人,并索偿1390亿林吉特。

2018年10月18日,马六甲皇京港项目因为支付问题被暂停3个月。该项目采用的是过程前融资的承包方式进行,总承包商必须先融资,再进行工程。但是,该项目的发展商采用的是先建后付的方式,所以为了工程顺利进行,中国承包商只有先垫付费用。但总发展商迟迟不给承包商建设费用,导致工程费被拖欠,承包商只有暂停项目建设,部分无法获得工资的中国员工被遣送回国,一些当地员工也被辞退。

2019年马来西亚政府相继恢复了东海岸铁路项目和大马城项目,之前暂停的皇京港项目复工也"提上日程"。马来西亚马六甲皇京港第一岛的国际游轮码头项目在6月10日展开打桩工程,竣工后是东南亚最大的游轮码头。①

(四)皇京港项目对中国开展对马投资的启示

第一,进一步加强中马政策沟通,为中资企业提供良好保障。中马之间的共性多于中国同其他东盟国家之间的共性,可加强治国理政经验交流、宏观经济政策的协调等。同时在现有的合作框架下,继续采取更加务实的做法,使得理想中的政策红利能够转化为现实利益。

---

① 廖博闻.几经波折,马六甲皇京港第一岛码头即将竣工,http://www.chinareports.org.cn/djbd/2019/0611/9557.html, 2019-06-11.

倾听各方声音,减少"一带一路"推进阻力。鉴于"一带一路"倡议下中马合作的长期性,中方要以适当方式加强与马来西亚各政党的对话与沟通,以应对马来西亚政局的不确定性,这在2018年5月马来西亚重新组阁之后显得尤其迫切;相比其他群体,学者的观点更为客观和慎重,也看得更为深远,为了把握中马合作的深层次问题,有必要多听听中马学界的观点;又由于马来西亚民意影响着选票,因此要多进行中马合作过程中具体问题和对策的民意调查,为中马合作的可持续发展铺平道路。

重视风险评估,尽可能规避风险。中国方面需要更多地了解马来西亚的政治环境、经济结构、种族心态等因素,在利益与风险评估中做出理性选择,摆脱被质疑及失利的风险。如鉴于目前马来西亚民意对两国经济合作的认同度远高于两国"政策相通"的必要性,中马合作可以采取先经济后政治的步骤逐渐实现。况且,目前中马两国的经济互补性很强,马来西亚民意对与中国的经济合作并不排斥,因此经济合作的成效也将更为明显。而在政治层面,受制于马来西亚政治体制和复杂的国际政治环境等,马来西亚民间对与中国"政策沟通"的认同度仍相对较低,要改变这一现状非短期之内可以实现。又如与华人的合作,由于华人问题在马来西亚仍然比较敏感,华人对"一带一路"倡议热情可能会令当地民族反感,因此中国不宜过分强调马来西亚华侨华人的作用,也不宜仅与华人合作,那样容易使人误解,甚至可能给华人造成困扰。

中国企业要认真遵守马来西亚劳动保护、劳动保障法律法规等各方面的强制性规定、指导性规定,还要充分了解马国的劳动救济制度,重视劳动纠纷的解决程序和过程。

第二,在贸易畅通方面,续签新的中马经贸合作五年规划,特别是确立新的贸易规模目标,同时把深化双方的产业分工作为新的贸易重点领域,特别是高技术产品作为重点贸易对象,加以扶持。

在中国—东盟自贸区升级版谈判完成之际,可考虑推动中马新生代自贸区建设。鉴于马来西亚在东盟所具有的特殊地位和对中国所具有的特殊优势,可以考虑打造高水平的中国—马来西亚自贸区,为提升未来中国—东盟自贸区奠定基础。马来西亚积极履行超越世界贸易组织和其他自由贸易协定中包含的条款,同时中国已同澳大利亚和韩国签署高水平自贸区协议。中马也在共同推进 RCEP 谈判,同时加强在东盟与中日韩、东亚峰会、东盟地区论坛等区域合作机制中的协调与配合。在整合地区市场中,中马通过新生代自贸区建设为促进区域一体化建设贡献力量。在产业合作领域,以"中马钦州产业园"和"马中关丹产业园"的建设为契机,提升中马产业合作的水平和向高附加值的产业定位方向发展。

针对马方人才缺乏、人才不匹配等问题,中方企业赴马投资时,应优先选择投资环境相对成熟的地区,可以优先选择政府重点发展的产业园区,此类地区吸引人才能力较强,能暂时缓解马方人才缺乏问题。

第三,在设施联通方面,积极推进双边基础设施建设合作。马来西亚侧重于国内基础设施的完善工作,中国更希望完善地区的基础设施建设工作,两国企业可在交通、电力、污水处理等基础设施领域开展全方位合作。中国的亚投行和丝路基金也重点向马来西亚基础设施规划项目倾斜,配合马来西亚基础设施的升级工作。

第四,在资金融通领域,进一步加强金融合作力度,使马来西亚成为人民币走出去的前沿国家;继续扩大双边本币互换规模,加强在特许经营、建造、建筑和设计服务、电信、垃圾和水处理、港口开发与物流、铁路、银行与金融服务、医疗卫生、教育、康体养生、在华清真产品与服务等领域的融资合作。

第五,在民心相通领域,把马来西亚作为了解伊斯兰文化的窗口。马来西亚是世界上第一个实现工业化的伊斯兰国家,加强与伊斯兰国家的文化交流为本地区的稳定和融合提供了范本。可考虑加强青年学生的交流与合作,让更多青年学生到对方的学校里和企业里去学习、实习。加大中马优秀文化交流与合作。比如,鼓励中国电视剧出口、创意产业出口等。

应加大"一带一路"有效宣传,增进共识。目前马来西亚民间不仅对"一带一路"了解不多,而且存在较多误解,因此中方应加强对"一带一路"倡议的宣传,重点强调"一带一路"建设的自愿、平等参与及其互利共赢宗旨,解答马来西亚民众对"一带一路"倡议的种种质疑。当然,宣传时要讲究技巧,注重宣传的有效性。如通过当地华人社团、学者或曾经有在华投资经历的人宣传就比中方尤其是中国政府出面宣传更有说服力。事实上,正是因为马来西亚华文媒体、华人社团对"一带一路"的积极宣传,才使得马来西亚华人相比其他族群而言对"一带一路"更为了解。另外有着在华经商经历的人不仅更了解中国经贸政策,而且也可因参与中马合作而受益,其宣传更能收到现身说法的效果。今后,仍需更多地借助马来西亚民间力量宣传"一带一路",通过宣传打消马来西亚各方对"一带一路"建设的疑虑,促进中马"民心相通"。

同时中国企业也要注重与当地企业加强合作,融入当地社会,得到当地民众的认可。对于马来西亚社会舆论可能对中国投资产生的抵制,中方企业应加强履行社会责任,同时改进项目宣传工作。中国企业应在"民心相通"和海外形象塑造上狠下功夫,如优先雇用马方劳动力,举办人才技能培训班,支持中马双方的管理人才、技术人才的交流等,从源头消除舆论的不利影响。

重视开展民间合作。官方合作虽然短期内能使中资大规模进入马来西亚,但鉴于当前马哈蒂尔对中资的审慎态度,以及民间对中资与马来西亚政府合作的种种质疑和负面评价,可以着力探索官民合作、民民合作的形式,规避政治、经济风险。除了大型项目的合作之外,中马应进一步深化服务业合作交流,加强中小企业的参与,让更多的人受益。甚至中马应加强"一带一路"上的安全合作,这样更能使马来西亚民众放心。中资企业应更多地与当地企业接轨,雇用当地人才,采用当地原材料,真正融入当地,通过互利共赢促进中马合作持久发展。

第八章
中国对外直接投资——拉丁美洲篇

自 2005 年以来,中国对拉丁美洲地区投资增长迅速,逐渐成为拉丁美洲的主要投资来源国。2016 年,中国对拉丁美洲直接投资流量达 270 亿美元以上,2018 年投资存量超过 4 000 亿美元。与此同时,中国投资的行业不断多样化,从最初以采掘业为主发展为制造业和服务业并重的格局。由于国际经济形势的不利影响,2019 年中国在拉丁美洲的交易数量有较大下降(19 项),但直接投资额仍达到 128.76 亿美元,大型项目并购占主导地位。这不仅显示近年来中国与拉丁美洲经济联系的增强,而且显示出中国在拉丁美洲经济发展中的作用日益重要。

第一节 拉丁美洲的经济发展与 FDI 趋势

就拉丁美洲经济发展趋势而言,近年来由于国际市场大宗商品价格下降,多数国家经济波动较大甚至出现社会动荡。其中,落后的基础设施和公共工程建设是该地区经济难以长期发展的关键原因。在这方面,中国对拉丁美洲国家能源行业的并购、对基础设施和大型项目的建设对促进东道国经济增长和社会稳定起到了重要作用。

一、拉丁美洲经济发展趋势

拉丁美洲近年来经济总体增长较弱,尤其是 2015 年以来一直处于停止和衰退状态。据估计,2019 年拉丁美洲增长率为 0.5%。在拉丁美洲,阿根廷、巴西和委内瑞拉的经济陷入停滞,而部分较小经济体如玻利维亚、圭亚那和秘鲁有所复苏,2019年全年增长率均在2.2%以上。在中美洲,墨西哥和尼加拉瓜增长速度较慢,而加勒比地区增速较高。总体而言,拉丁美洲增长最快的经济体为多米尼加和巴拿马,两国近年来平均增长率达到5%,2019年全年增长率分别为5.7%和3.0%。

拉丁美洲经济增速较低的重要原因在于大宗商品价格的持续下降,影响了出口部门的增长,从而降低了整体经济的发展潜力。在许多国家,大宗商品出口对财政收入的重要性远超出了其在外汇收入中的作用。在墨西哥,2014年石油净出口仅占GDP的0.7%,但占财政收入的30%。当国际大宗商品价格出现波动时,政府的财政支出能力将受到较大影响,从而削弱政府制定社会政策和分配计划的能力。

在该地区最大的经济体巴西,2015—2016年的经济衰退导致巴西GDP下降近7%,而在随后两年的温和复苏过程中,巴西经济增长超过2%,2019年GDP增长率为1.1%。巴西经济复苏较缓慢的一个重要原因是保守的财政政策,这导致公共资本形成水平较低,尤其在2018年处于10年来的最低水平。为应对经济衰退、刺激增长,巴西央行采取了宽松的货币政策,2016年10月开始利率降低了775个基点,但对私人投资的激励仍然不明显。在该地区另一大经济体墨西哥,2017年和2018年经济增长率为2%,但2019年降为-0.15%。与巴西相似,公共投资水平较低、私人投资增长缓慢是经济增速较低的重要原因;此外,美国贸易政策转变和新的北美自由贸易协定产生了较大不确定性,对墨西哥经济将产生不利影响。

因此,拉丁美洲在2015年的经济衰退后开始了缓慢复苏过程,但国际大宗商品价格波动、财政空间有限、私人投资和消费不足等问题限制了其经济增长。

二、拉丁美洲外国直接投资的变动情况[①]

近年来,拉丁美洲的外国直接投资波动较大。2008 年后,拉丁美洲的外国直接投资增长迅速,并于 2010—2011 年连续创下历史新高(2011 年 FDI 流入量为 2 078.3 亿美元),而 2013 年之后下降明显,其中 2015 年较上年下降 9.1%(1 791 亿美元)。[②]主要原因在于拉丁美洲的经济波动和大宗商品价格变化。由于 2018 年经济增速约为 1.2%,略低于 2017 年的 1.5%,因此 2018 年拉丁美洲外国投资流入量下降 6%,为 1 470 亿美元。其中南美洲外国投资流入量为 1 010 亿美元,巴西和哥伦比亚的外国投资下降幅度最大,其他地区基本稳定。同时巴拿马和厄瓜多尔采矿活动增加,促进了 FDI 的增长。来源地方面,拉丁美洲的外国直接投资的来源地主要为欧洲和美国,其中欧洲国家在拉丁美洲拥有广泛的业务,而美国是墨西哥和中美洲的主要投资国。行业方面,美国和欧洲国家的行业分布较为多元化,包括采掘业、农产品加工、高科技行业、基础设施等领域。与此相对,中国在拉丁美洲的投资主要集中于采矿和农产品加工等领域。

在巴西,在经济复苏较为缓慢、并购交易下降等因素作用下,2018 年流向巴西的外国资本较 2017 年下降 23%,减少至 610 亿美元。虽然流入总量下降,但 FDI 在行业内部表现有较大差异:采掘业(石油、天然气和采矿业)外国投资增长了 45%;制造业、非金属矿产品的外国投资增长近一倍,其中汽车业保持了增长势头,外国投资额达到 45 亿美元;在服务业,信息和通信技术、金融服务业的 FDI 流入增长一倍以上,分别增至 20 亿美元和 35 亿美元。2019 年巴西有了积极的增长预期和更多的支持性政策。

---

① 根据历年 Foreign Direct Investment in Latin America and Caribbean Report 和 World Investment Report 数据以及相关网络资料整理。
② Economic Commission for Latin America and the Caribbean(ECLAC), *Foreign Direct Investment in Latin America and the Caribbean*, 2016(LC/G.2680-9), Santiago, 2016, p.10.

在阿根廷,2018 年 FDI 流入量为 120 亿美元,较 2017 年的 105 亿美元略有增长。主要原因在于 Vaca Muerta 页岩气田的产量增加吸引了外国能源公司的大量投资,这占 2018 年全国 FDI 流入量的 1/3。此外,新股本流入增长 66%,达到 33 亿美元。在哥伦比亚,2018 年 FDI 流入量下降 20%,降至 110 亿美元。流向石油行业的资金下降 24%,至 24 亿美元;制造业 FDI 流入量下降 70%,为 8 亿美元;物流服务业 FDI 下降一半左右,为 15 亿美元。同时,采矿业增长 78%,达到 17 亿美元;贸易和旅游行业增长 60%,达到 13 亿美元。哥伦比亚政府大力引进外国投资,恢复石油和天然气生产,并加大勘探力度,确保能源生产和消费的自主性。在智利,FDI 流入量略有增加,为 72 亿美元。主要原因在于铜矿价格上涨增加了并购交易,同时医疗、电力行业的并购数量明显上升。

在秘鲁,2018 年 FDI 流入量下降 9%,为 62 亿美元。但由于美国 I Squared 公司以近 20 亿美元的价格收购拉丁美洲发电运营商 Inkia Energy 相关业务,秘鲁资产销售额创下了 32 亿美元的历史新高。在采矿业,2018 年有 26 个项目处于开发阶段,政府又宣布了 6 项新的采矿业项目。在厄瓜多尔,由于矿业投资增加,2018 年 FDI 流入量增长一倍以上,达到 14 亿美元。政府制定了优先发展矿产行业的政策,推行了有利于市场的改革和放宽对外资的限制措施,包括改革矿业税制,取消征收 70% 的暴利税,进一步吸引对厄瓜多尔的 FDI。在玻利维亚,FDI 流入量降至 2.55 亿美元。限制性法律阻止了 FDI 投资于高潜力的锂开采等部门。

在中美洲,2018 年 FDI 流入量下降了 1% 左右,为 430 亿美元。墨西哥 FDI 为 320 亿美元,大部分为外国子公司的再投资收益(增加 27% 至 120 亿美元),新的股权投资为 110 亿美元,公司内贷款下降较为明显。行业分布方面,制造业部门的 FDI 为 155 亿美元,同比增长 16%;公共事业部门 FDI 翻了两番以上,达到 40 亿美元,其他行业包括采矿业

(增长38%,至14亿美元)和信息通信业(增长96%,至12亿美元)也有了较大增长。在巴拿马,2018年FDI流入量增长21%,达到55亿美元。主要交易包括服务业并购、矿业投资等方面。在哥斯达黎加,2018年FDI流入量减少22%,至21亿美元。主要原因在于抗议活动的升级和旅游业投资的下降。其中,对自由贸易区的投资占全国FDI投资的57%,流入信息和通信技术行业的资金增长一倍以上,达到3.47亿美元。

在加勒比地区(不包括离岸金融中心),FDI流入量下降32%,降至30亿美元左右。主要原因在于2018年多米尼加的FDI有所减少,降至25亿美元。比利时公司于2012年和2017年收购该地区酿酒制造公司,致使2017年加勒比地区并购额显著增加,2018年出现下降。同时,牙买加和海地的FDI流入量也降至7.75亿美元和1.05亿美元。

从整个拉丁美洲的FDI来源地来看,该地区最重要的投资者仍然是美国,2017年吸引FDI达2 650亿美元。过去5年,美国投资者的投资增长了8%。相比之下,西班牙投资存量降低了20%。区域内的主要投资者是智利,2013—2017年,智利的投资增长20%,达到700亿美元。智利在拉丁美洲的投资存量为巴西的两倍以上。

三、中国对拉丁美洲的投资历史

近年来,中国对拉丁美洲的投资增长较为迅速,与双边贸易的增长保持了相同趋势。2003年,中国对拉丁美洲的直接投资为17亿美元,其中矿产行业投资15亿美元;2007年,直接投资额增至63亿美元,其中矿产行业29亿美元、能源行业(煤、石油和天然气)13亿美元、汽车零部件行业12亿美元;2008—2010年有所下降,2011年开始上升,2012年恢复至54亿美元,其中包括食品烟草(17亿美元)、汽车零部件(19亿美元)和矿产行业(14亿美元)。中国与拉丁美洲的关系发展增强了对该地区的投资潜力。中国政府曾经承诺在2015年之前投资约1 000亿美元,以及到 2024 年左右对拉丁美洲投资存量达到 2 500 亿美元,显示了双边经济关系发展的良好前景。

行业分布方面,中国新建直接投资集中于五个行业:食品和烟草、汽车零部件、矿产、能源和通信行业。2003 年以来,这五个部门占中国对拉丁美洲新建投资项目的 83%,2007—2012 年占比为 89%,2012 年这一比例进一步提升至 95%,显示出中国对拉丁美洲投资的集中程度日益提高。相比之下,其他国家对拉丁美洲的直接投资分布更加广泛。2012 年,五大行业占拉丁美洲全部直接投资总额的 65%,低于 2003 年以来的 70% 和 2007 年以来的 68%,显示了对拉丁美洲投资行业分布的多样化趋势。

国家分布方面,中国在拉丁美洲的投资高度集中在少数国家,其中对阿根廷和巴西的石油天然气行业、秘鲁的采矿业占了较大比重。例如,在食品和烟草领域,新建投资项目全部位于阿根廷和巴西。自 2008 年以来,阿根廷和巴西各占中国在该行业投资额的一半左右,其中中国投资占阿根廷农业直接投资的 75% 以上,在巴西这一数字也接近 50%。在矿产行业,中国博赛矿产公司自 2008 年以来已对圭亚那铝业项目投资 13 亿美元,鞍山钢铁集团向巴西投资 6.5 亿美元,用于建设铁矿及相关设备。在能源行业,中国在拉丁美洲的投资由中石油集团主导,投资范围包括委内瑞拉的石油开采和哥斯达黎加的炼油,以及古巴的天然气液化和压缩生产。此外,中国对该地区的汽车行业投资增长迅速,包括奇瑞、长安等中国汽车公司开始争夺南美市场。

在并购领域,中国在拉丁美洲的并购与直接投资分布行业较为相似,前五大行业集中了超过 95% 的并购金额,且并购项目更加集中在石油和天然气行业,占中国企业并购总额的 70% 左右。从大型并购项目来看,主要特点表现为并购主体为中国国有企业,目标行业为石油天然气领域,东道国为巴西和阿根廷。具体而言,2008—2012 年中国对拉丁美洲的十项最大的并购交易中,14 家企业中有 12 家为国有企业;4 项价值超过25亿美元的并购均在石油和天然气部门;有7项并购为购买欧洲公司在拉丁美洲东道国的资产,而非直接参与对拉丁美洲国内企业的并购。

中国企业方面,中石化集团自2008年以来参与了多项对拉丁美洲公司的并购,包括收购西方石油公司在阿根廷的业务,收购Hupecol集团在哥伦比亚的业务,以及巴西石油天然气公司的资产。而私营企业中国渔业集团也展开了较大规模的并购项目,收购秘鲁的6家渔业公司,总计金额达到1.5亿美元。

表8-1 2008—2012年中国在拉丁美洲最大的五项并购交易

中国企业	所在国	购买	年份	价值（十亿美元）
中石油	巴西	40%的股权,巴西Repsol(西班牙所有的石油天然气公司)	2010	7.1
中海油	阿根廷	50%的股权,Bridas公司(石油和天然气)	2010	3.1
中化集团	巴西	石油和天然气资产,Peregrino油田,从Statoil(挪威所有)	2010	2.5
中石化集团	阿根廷	石油和天然气公司,Occidental石油公司(美国所有)	2010	2.5
五家采矿投资国有公司	巴西	15%股权,Companhia Brasileira de Metalurgia e Mineracao	2011	2.0

• 资料来源:Rebecca Ray and Kevin P. Gallagher, *China-Latin America Economic Bulletin 2013*, pp.11—12。

2013年以来,在大型投资项目的带动下,中国在拉丁美洲直接投资迅速增长。2013年,中国在这一地区的直接投资达到创纪录的460亿美元,其中包括400亿美元的尼加拉瓜运河项目。2014年,中国的直接投资为100亿美元,占这一地区整体直接投资金额的17%和GDP的2%,大约相当于2011年(72亿美元)和2012年(30亿美元)的总和。其中,尼加拉瓜运河项目于2013年签署,2014年开始启动,是迄今中国在拉丁美洲的最大投资项目,总投资规模接近该地区2013年GDP总额的1%,超过了中国在这一地区5年投资的全部投资额。2015年,中国对拉丁美洲的绿地投资额为 46 亿美元,并购额为 0.5 亿美元。[①]从行业分布来看,中国的并购 3/4 集中在采掘业,而其他国家主要集中在服务业。

2016 年,中国公司在拉丁美洲的新建投资项目为 33 亿美元,较 2015 年有所下降。与此同时,中国公司的并购额达到 124 亿美元,是 2015 年 51 亿美元的两倍以上。并购规模的提升主要由于一项大型并购项目,即中国国家电网公司斥资 84 亿美元收购了巴西最大的私营发电公司 CPFL Energia 的股权。中国的新建投资和并购项目均集中于采掘业。2011—2016 年分别有 23% 和 59% 的新建和并购项目为采掘业。相较而言,直接投资更加多元化,制造业占比为 32%,金融房地产和公共事业占比均为 13%。而并购项目除采掘业外,公共事业占比为 24%。这两项占中国并购总额的比重接近 75%。同时有迹象表明,中国对东道国的投资和并购均开始向下游产业转移。

第二节 2017—2018 年中国对拉丁美洲的投资

相较 2015—2016 年,中国在 2017—2018 年对拉丁美洲投资有所下降,但大型并购项目仍取得了较大进展。尤其是在巴西、智利等国家的电力、矿产行业并购成为这一时期对拉丁美洲投资的主要项目。与此同时,中国新建投资项目的行业分布更加广泛,反映了中国对拉丁美洲的投资结构正在发生显著改变。

一、总体情况概括

拉丁美洲是中国对外投资的重要目的地。2018 年末,中国企业在拉丁美洲的投资企业超过 2 500 家,覆盖了 32 个国家和地区。根据商

[①] 2015 年中国成为仅次于美国的拉丁美洲第二大绿地投资来源国,和第三大并购来源国(美国和西班牙分别居于第一和第二位)。参见 Rebecca Ray, Kevin Gallagher, and Rudy Sarmiento, "China-Latin America Economic Bulletin 2016", Global Development Policy Center, Discussion Paper 2016-3, p.6。

务部统计数据,中国对拉丁美洲投资流量于 2016 年达到 272.3 亿美元的峰值,2017 年降至 140.8 亿美元,2018 年投资流量为 146.1 亿美元,同比增长 3.8%。主要目的地为英属维尔京群岛(71.5 亿美元)、开曼群岛(54.7 亿美元)、巴西(4.3 亿美元)、墨西哥(3.8 亿美元)、委内瑞拉(3.2 亿美元)等。[①] 2018 年,中国对拉丁美洲投资存量为 4 067.7 亿美元,占中国对外投资存量的 20.5%,其中开曼群岛和维尔京群岛投资存量为 3 897.2 亿美元,占中国对拉丁美洲投资存量的 86.2%。其中,开曼群岛和英属维尔京群岛为中国对外投资的第二和第三大目的地,2018 年占中国对外投资存量分别为 13.1% 和 6.6%。[②] 行业分布方面,中国对拉丁美洲直接投资的行业主要为信息通信业、租赁和商务服务业、批发零售业,分别占投资存量的 38.3%、21.8% 和 14.6%。

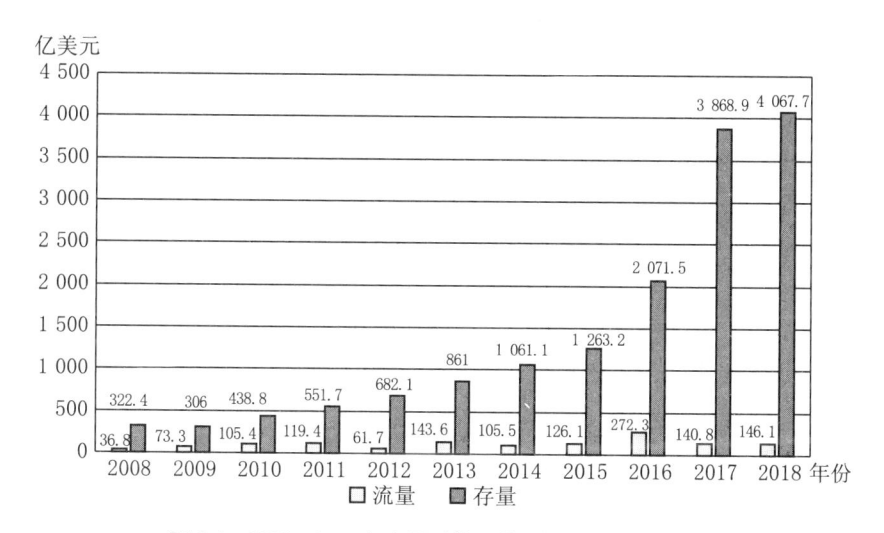

图 8-1 2008—2018 年中国对拉丁美洲投资的流量和存量

拉丁美洲也是"一带一路"倡议的重要合作地区。2017 年,巴拿马成为该地区第一个参加"一带一路"倡议的国家。到 2019 年中期,该地

---

① 商务部:《2018 年度中国对外直接投资统计公报》,第 16 页。
② 商务部:《2018 年度中国对外直接投资统计公报》,第 22 页。

区已有18个国家(10个为加勒比国家)与中国签署了合作协议或谅解备忘录。因此,这为更多的中国企业提供了良好的投资平台,尤其在基础设施、采掘业和农产品加工业,也将促进中国与拉丁美洲开展更广泛、更全面的经济合作。

2018年,中国对拉丁美洲的投资有所下降。中国对拉丁美洲的并购额于2017年达到创纪录的175亿美元,2018年降至76亿美元。同时,新建直接投资项目从2017年的140.8亿美元增至2018年的146.1亿美元。行业分布方面,中国的投资主要集中在采掘业和基础设施领域,同时制造业比例有明显上升,包括化学品制造和汽车零部件制造领域。

二、中国对拉丁美洲的并购情况

并购方面,2014—2018年的基础设施并购占中国对拉丁美洲并购的近一半,采掘业占1/4左右。这与其他国家对拉丁美洲的并购有较大差异,就全球整体趋势而言,基础设施和采掘业在拉丁美洲的并购额不足总额的1/3。

尤为重要的是,2017年中国对拉丁美洲的并购占拉丁美洲全部并购额的33.2%。这一强劲增长主要由电力部门推动,电力部门超过采掘业成为中国在拉丁美洲最重要的并购部门。主要项目包括:中国国家电网公司以122亿美元的价格收购了巴西最大的私营电力分销商CPFL Energia SA 95＄的股权;国家电力投资公司以23亿美元的价格收购了巴西的圣西芒水电站;①中信公司和袁隆平高科技农业公司以11亿美元的价格收购了Dow农业科技公司和巴西生物科技公司;山东黄金矿业集团公司以9.6亿美元的价格从加拿大的Barrick公司手中收购了阿根廷的Veladero矿山;南通银鑫投资有限公司以2.53亿美元的价

---

① 2017年,拉丁美洲最大的10项外国并购案例中,有9项在巴西,有7项为中国公司实施的并购,收购行业涉及电力、石油、基础设施(天然气输送)和农工业加工等行业。

格收购了巴西小麦种植公司 Belagricola 的多数股权。此外,秘鲁政府启动了一项包括 9 500 万美元的亚马逊地区水路网络开发项目,该项目由中国水电集团的财团负责运行。在海地,中国宣布了 300 亿美元的投资计划,发展海地的基础设施,包括发电厂、卫生设施、供水系统、铁路等。2017 年,太子港也开始了初期项目计划,投资额约为 50 亿美元。

2018 年,中国在拉丁美洲的主要并购包括:天齐锂业以 41 亿美元的价格从加拿大公司收购了智利锂矿企业 SQM 的 23.8% 的股权;腾讯控股以 1.8 亿美元的价格收购了巴西数字银行公司 NuBank 4.5% 的股权;上海戴迈汽车内饰有限公司以 1.47 亿美元的价格收购了位于墨西哥的 Motus 公司,其股权原属于美国和法国合资公司;江西赣锋锂业公司以 1.1 亿美元的价格收购了 Minera Exar 37% 的股份,该公司经营阿根廷的相关锂业项目,且与天齐锂业相同,赣锋锂业也是从 SQM 公司购入相关股份。

具体国家方面,2018 年中国在巴西、智利、玻利维亚等国的并购项目均有较大进展。其中,在巴西有 6 项较大型收购(为 2017 年的一半),两项金额在 10 亿美元以上,包括国家电网公司以 10 亿美元收购 CPFL Energia 的剩余少数股权(2017 年收购其多数股权),以及 Sygenta(中国化工集团公司的子公司)以 14 亿美元收购农业服务企业 Nidera Sementes LTDA 公司。在智利,智利政府与中国签署了参与"一带一路倡议"的谅解备忘录,促进与中国在基础设施、采掘业、制造业等领域的合作,而天齐锂业收购智利 SQM 公司项目也成为近年来最大的并购项目之一。在玻利维亚,2019 年初玻利维亚国有企业 Yacimientos de Litio 与中国企业签署了合作协议,建造矿业加工厂、开发高原盐湖矿床,其中玻利维亚政府控股 51%。这一协定将有效促进玻利维亚该行业的开放程度,促进其锂矿产量增长。[①]

[①] United Nations Conference on Trade and Development(UNCTAD), World Investment Report 2019, Geneva, 2019, pp.50—53.

此外，最初于2017年宣布的并购交易也取得了一系列进展。其中，招商局港口控股有限公司以12亿美元的价格完成了对TCP Particpacoes S. A.公司的90%股权收购。该公司经营巴西第二大集装箱港口巴拉纳瓜港。2017年，由湖北能源集团、CNIC公司和中国三峡公司组成的财团准备以14亿美元的价格从巴西Odebrecht公司收购秘鲁的Chaglla大坝项目，但是由于秘鲁的法律变更，该交易项目被取消。2018年，修改后的新协议决定，由中国三峡集团主导的财团以6.18亿美元的价格实施并购，同时为该项目的债务和税款支付大约相等的额外款项。中国国家电网是巴西CPFL Energias Renovaveis公司的股东，在2017年以9.38亿美元的价格购买了其剩余48.4%的股权。该公司为巴西能源公司，经营小型水力发电厂和风电场，这项收购为国家电网集团在南美的能源项目扩展提供了重要平台。中国葛洲坝集团公司通过其子公司CGGC Construcutora do Brasil公司，以8.66亿美元的价格对Sistema Productor Sao Lournco进行收购，这项收购于2017年宣布，2018年完成，该公司为圣保罗水处理和供应公司。

2018年，中国参与了拉丁美洲20项大型并购项目中的4项，包括天齐锂业在智利的采矿行业并购（金额40.66亿美元）、中国南方电网公司的电力行业并购（金额13.00亿美元）、招商局有限公司和葛洲坝集团在巴西港口和水利设施的并购（金额分别为9.24亿美元和8.69亿美元）。

表8-2　2018年中国参与的大型并购项目

企　业	来源国	并购企业（股份）	资产位置	销售企业所在国	部门	金额（亿美元）
天齐锂业	中国	Sociedad Quimica y Minera de Chile S. A.（24%）	智利	加拿大	采矿业	40.66
中国南方电网有限公司	中国	Transelec S. A.（27.7%）	智利	加拿大	基本服务（电力）	13
招商局港口控股有限公司	中国	TCP Participações S. A.（90%）	巴西	巴西	交通运输（港口）	9.24
中国葛洲坝集团公司	中国	São Paulo São Lourenço Water Supply Co	巴西	巴西	基本服务（水利）	8.69

三、中国对拉丁美洲直接投资情况

直接投资方面,中国对拉丁美洲的新建投资项目2017年达到43亿美元,占拉丁美洲全部绿地投资项目的7.8%。虽然高于2016年的27亿美元,但仍低于2015年的46亿美元。2017年,中国是拉丁美洲第三大直接投资来源国,仅次于美国和西班牙。直接投资项目集中于采掘业和出口相关行业。

2017年中国对拉丁美洲的新建投资项目表现出了更强的部门多样性,这表明中国投资更加明显的市场导向。其中规模最大的投资包括:首钢集团投资15亿美元建设位于秘鲁的铁矿,拓展加工能力和海水淡化、尾矿加工等工程;总部位于香港的敏实集团在墨西哥投资3.5亿美元,建设雷诺和戴姆勒汽车零部件加工工厂;东风汽车集团投资3亿美元,在阿根廷布宜诺斯艾利斯建设电动汽车工厂;安徽江淮汽车集团投资2.12亿美元,与墨西哥Giant Motors公司合资建设SUV汽车工厂;中国天合光能集团(Trina Solar)投资2.03亿美元,在墨西哥建设太阳能装置生产与安装公司。

2018年,中国对拉丁美洲新建直接投资降至16亿美元,为2006年以来的最低值。其中,制造业降至6亿美元,金融、保险和房地产业降至4亿美元。而2017年采掘业为24亿美元,制造业、可再生能源、金融保险行业分别为12亿美元、2亿美元和3亿美元,总计达到43亿美元。此外,整体而言,2014—2018年对拉丁美洲的全部直接投资项目中,采掘业占比为18%、金融房地产行业占6%。而中国对拉丁美洲的直接投资项目中,采掘业和金融房地产行业分别占其34%和15%。[1]

2018年,中国在拉丁美洲的较大新建直接投资项目包括:总部位于上海的金砖国家新开发银行向其巴西机构注资2.555亿美元,此前曾投

---

[1] 数据来源:Rebecca Ray and Kehan Wang, "China-Latin America Economic Bulletin, 2019", *Global Development Policy Center*, pp.9—10.

资 2.809 亿美元；金科太阳能集团宣布投资 2.14 亿美元，在阿根廷圣胡安省建设太阳能发电场；山东碧海包装材料有限公司宣布在巴西投资 1.06 亿美元，建设包装加工厂；复兴国际的子公司 Mediterranee 俱乐部宣布在多米尼加投资 1 亿美元建设 MedMiches Playa Esmerald 俱乐部；金利华电气集团宣布在巴西建立实验室和制造工厂，为巴西的电力基础设施扩建项目生产零部件。

中国对拉丁美洲投资虽然稳定增长，但相对于美国和欧洲国家的长期投资而言仍然较少，该地区大部分投资仍来源于欧美国家。例如，欧洲是南美洲国家的主要投资国，巴西 FDI 的 74% 来源于欧洲；而美国是墨西哥和中美洲的主要投资者（表 8-3）。近年来，中国重点收购了采掘业和农业加工业，以及电力、公共事业和基础设施的企业。而在高技术产业（互联网、软件和电信行业），美国和欧盟一直是其主要投资者。与此同时，中国在拉丁美洲的投资更加多样化。例如，2018 年，滴滴出行公司收购了巴西租车公司，标志着该公司区域扩张战略重要进展。此外，从 2017 年巴拿马参加"一带一路"倡议到 2019 年，这一地区 18 个国家（包括 10 个加勒比海国家）已经与中国签署谅解备忘录。在此背景下，中国在基础设施和服务业等方面的影响将进一步增加。

表 8-3 拉丁美洲按地区划分 FDI 流入情况 （%）

地区	中美洲		巴西		哥伦比亚		墨西哥	
年份	2012—2017	2018	2012—2017	2018	2012—2017	2018	2012—2017	2018
欧洲	21	13	66	74	40	44	34	35
美国	29	47	18	15	18	21	42	38
拉丁美洲	36	37	7	3	35	29	4	4

• 数据来源：UN(2019). *FDI in Latin America and Caribbean* 2019.

第三节 主要案例分析

案例分析方面，近年来中国对巴西投资流量不断增加，行业分布更加多样化,对东道国就业和发展发挥了不可或缺的作用,而"一带一路"倡议为两国经济合作开启了重大机遇,中国对巴西投资将在多领域、多层次深入开展;同时,中国对秘鲁能源项目的管理反映了中国企业日益重视社会责任,推动投资计划既有利于东道国劳动者利益,又符合国际环境和劳工规则。

一、国别分析:中国在巴西的投资特点

由于市场规模以及巴西通过区域内贸易协定进入该地区其他市场等原因,中国对拉丁美洲制造业的投资主要集中在巴西。这些企业主要负责组装从中国生产的零部件,同时采购当地原材料。中国汽车制造商在2010—2011年宣布投资60亿美元;三一重工也不断开拓巴西市场,已占据了巴西起重机市场的40%的份额;同时格力空调以及摩托车制造企业也开展了对巴西市场的业务。据巴西规划、预算和管理部的报告显示,2003—2018年上半年,中国对巴西投资项目共263个,涉及投资金额约1 254亿美元。其中绿地项目30项,投资金额约50.59亿美元。

此外,基础设施的投资也集中在巴西,尤其是电力部门。例如,中国公司购买了西班牙输电线路中的股份,而且获得了相关电网的竞标。到2015年,在发电和输电方面的投资为85亿美元。[①]华为和中兴等公司也建立了强大的分销和客户服务网络,而且建立了研究中心。巴西Joao da Barra港口是世界上最大的港口之一,资本金为25.6亿美元,是中国企业在2010年上半年向巴西投资额约为200亿美元的几家合资企业之一。中国国家开发银行和巴西国家石油公司签署了一项100亿美元的贷款,保证未来10年每天向中国提供20万桶石油。

2018年以来,中国对巴西投资迅速增长。巴西规划部的报告显示,2018年上半年中国对巴西累计投资额15.4亿美元,同比增长161%(2017

[①] Gaston Fornes and Alvaro Mendez, *The China-Latin America Axis: Emerging Markets and their Role in an Increasingly Globalized World*, New York, Palgrave Macmillan 2018, pp.68—69.

年同期为5.89亿美元)。据巴西规划部的报告,2018年上半年的主要投资项目包括：三峡巴西公司对圣保罗朱比亚和伊利亚水电站进行升级改造,投资金额1.99亿美元;中国国家电网控股公司中标巴西输变电服务项目,金额202万美元;葛洲坝巴西有限公司收购巴西圣诺伦索供水设施项目。其中,三峡集团将在未来十年对这两项水电项目投资8.47亿美元。[1]

相关分析认为,在未来几年内中国对巴西的投资还将继续增长,中国对拉丁美洲尤其是巴西的投资促进了基础设施的发展,也促进了经济结构的多样化。中国在巴西的投资涉及农业、油气、新能源、机械装备、银行业、电力、矿产、零售等行业,其中中国国家电网对外投资的50%位于巴西境内。中国三峡水电站30%的对外投资也位于巴西。此外,中国已成为巴西最大的进口国和出口目的地。

据研究,中国对巴西的投资有效增加了劳动力就业、缓解了巴西的就业需求。统计数据显示,2016年底巴西失业率为11.5%,2017年3月失业人数达到1 420万。中国汽车公司比亚迪投资建设两座加工工厂,其中比亚迪巴西太阳能板加工厂为当地提供数百个就业岗位。在国家电网巴西控股公司,巴西员工的比例超过90%,中国企业的本土化战略缓解了当地劳动力就业压力。此外,2016年巴西通信技术人才短缺,中国华为分别与巴西教育部、圣保罗大学以及圣保罗州立大学签署多份人才培训合作意向书及备忘录,计划在2016—2018年为巴西培养2万名相关技术人员。[2]

二、行业分析：中国与秘鲁能源项目管理

中国与秘鲁的经贸关系自2004年起发展迅速,秘鲁授予中国市场经济地位,2008年两国建立了战略伙伴关系,2009年签署秘鲁—中国自由贸易协定。2011年开始,中国取代美国成为秘鲁第一大贸易伙伴。

---

[1] 资料来源：http://www.gov.cn/shuju/2018-07/10/content_5305461.htm。
[2] 资料来源：https://www.brasilcn.com/article/article_6728.html。

中国在秘鲁的投资也有了较快增长。2013年双方签署了11个双边协议,加强贸易和投资领域的合作。截至2015年,中国公司在秘鲁对石油、铝业、铜矿等行业进行了多项收购,成为秘鲁外国投资的重要来源国。近年来,秘鲁率先进行了采掘业、矿产业的投资改革,应用全球标准,主要包括采掘业透明度计划(EITI)、企业社会责任(CSR)计划等标准,并要求跨国公司采用相关规则。虽然中国对海外公司运营尚未建立标准化的信息披露和监管制度,中国商务部、发改委和国资委等机构对海外投资进行授权和监督,并且通过了一系列旨在促进公司治理和提升企业社会责任的规则。

在此背景下,中国在秘鲁的企业也积极参与相关规则、增强对东道国经济社会的责任。在采矿业,首钢秘鲁集团是当地最大的纳税者和就业创造者,截至2015年有大约70%的城镇工人为首钢及其相关企业工作。自2013年秘鲁铁矿新区项目成立以来,中方通过项目施工、管理服务等方式增强与东道国的合作,同时秘鲁方面先后组织6次员工赴中国考察和验收设备,深化了技术和管理经验的交流。[①]2018年,首钢秘鲁新矿区项目竣工,产量有望突破2 000万吨。自1993年至2018年,首钢秘鲁项目累计投资20亿美元,当地采购额达到14亿美元,向东道国政府纳税15亿美元,创造就业岗位4 500个以上。与此同时,中铝集团在秘鲁的矿业投资也充分兼顾了当地社区利益。2014年,中铝集团与两家秘鲁企业建立了合资公司,在当地实施社会基础设施项目,包括为居民改善饮用水、处理水污染问题、修建道路等方面。同时投资改善当地医疗卫生条件,举办技术培训提升居民劳动技能,树立了良好的企业形象,成为中国企业境外投资成功的典型案例。2018年,中铝集团决定启动秘鲁铜矿项目二期工程,计划2020年投入生产,并协调解决社区关系、环境问题、劳工问题,进一步提升与东道国的合作关系。[②]

[①] https://shougang.com.cn/sgweb/html/sgyw/20180813/2265.html。
[②] http://www.chalco.com.cn/zgly/xwzx/qydt/webinfo/2018/08/1533513780691742.htm。

第四节　拉丁美洲新冠疫情对中国投资的影响

自2020年3月份以来,拉丁美洲疫情持续加剧,各国加强了防控措施。截至3月31日,巴西累计病例5 717例;智利累计2 738例,智利政府宣布多个地区实行强制隔离;墨西哥、哥伦比亚累计确诊人数在千例左右。由于拉丁美洲国家公共卫生安全体系不健全,疫情蔓延对当地公共卫生提出严峻挑战。拉丁美洲疫情发生以来,中国应委内瑞拉政府请求,向委内瑞拉派遣了抗疫医疗专家组。中方专家组协助委内瑞拉完善抗疫举措、提高救治水平,为委内瑞拉乃至拉丁美洲的疫情防控作出了积极贡献。

由于拉丁美洲经济社会不稳定、疫情蔓延增加了其长期发展风险,因此这也对中国企业投资经营带来了不确定性。主要表现在:对于新开发项目,供应设备制造、通关和项目建设周期增加,导致境外成本上升,影响中国企业在东道国的竞争力;对于已开发项目,由于东道国复工时间较晚,员工安全标准提高等,影响项目建设进度,甚至由于疫情发展而导致项目停滞,延长了建设周期;对于工程劳务项目,可能由于员工入境签证和工作许可的难度加大,影响劳工外派的组织和进展。例如,目前阿根廷、巴西、墨西哥等国均对出入境货物、设备、人员进行了严格管制,对中国投资企业的设备采购、人员流动、项目进展均会产生明显影响。因此,中国企业在加强人员安全检查、促进资金和设备运转的同时,应增加与东道国政府的沟通协作,推动疫情期间相关项目建设有序运行,促进企业长期发展。

第九章
中国对外直接投资——非洲篇

在"一带一路"和中非合作论坛框架下,中国对非洲的投资正在不断深化和拓展。随着非洲国家经济的迅速增长,该地区市场潜力不断扩大、发展前景广阔。尤其是在新冠肺炎疫情冲击、发达国家投资减少的背景下,中国企业对非洲投资也将为东道国工业化进程提供新的推动力。因此,进一步深化中非在多层次、多领域的投资合作,推动经济复苏,同时促进中国和非洲制造业的转型升级,将是中非经贸关系长期健康发展的重要支柱。

第一节　非洲国家的经济形势

近年来,非洲国家经济发展迅速,尤其是东非地区显示出强劲趋势和良好前景。与此同时,非洲外国直接投资也有显著增长,中国对该地区 FDI 增长最快,但发达国家仍是非洲外国直接投资最重要的来源国。

一、非洲国家的经济增长趋势[①]

非洲经济近年来增长迅速。在 2010—2014 年达到 4.7% 的峰值之后,非洲的实际 GDP 增长率在 2015 年至 2016 年分别降至 3.5% 和 2.1%(不包括利比亚),部分原因是石油价格的大幅下降和其他气候因素冲击。此后,非洲经济逐渐复苏,2017 年增长率达到 3.6%(不包括利

---

① 根据历年 African Economic Outlook 和 World Economic Outlook:SSA 和网络相关资料整理。

比亚),2018 年为 3.5%。

2016 年以来非洲的经济增长主要得益于大宗商品价格上涨的推动。自 2016 年 2 月至 2018 年 10 月,布伦特原油价格增长了 177%(从 10 年来的 27.45 美元的低点升至 74.34 美元),促进了石油出口国 GDP 的迅速增长。

具体地区方面,非洲不同国家的表现有较大差异。东非是经济增长最快的地区,2010—2018 年的平均增长率约为 6%。西非在 2014 年前增速较快,但随后的石油价格下降等问题导致了增速下降。尤其是非洲最大的经济体和最大的石油出口国尼日利亚,在 2016 年衰退之后有所恢复,增速约为 2% 左右。南部非洲增速较为稳定,但南非的较低投资率影响了该地区的表现。在博茨瓦纳,钻石贸易和农业生产的恢复促进了投资和消费的增长。而在中部非洲,经济增速仍低于非洲整体水平,对大宗商品和农业的依赖限制了经济恢复。尤其是在赤道几内亚,经济自 2013 年开始陷入衰退,2018 年的实际 GDP 仅相当于 6 年前的 2/3。就国家来看,非洲的大型经济体如安哥拉、尼日利亚和南非增长仍然较低,同时非资源型国家如科特迪瓦、埃塞俄比亚、肯尼亚和塞内加尔,由公共基础设施投资驱动的增长仍然强劲。

就经济增长的前景而言,预计非洲整体经济增速将缓慢提升。主要原因在于私人消费、公共投资的增长,以及大宗商品价格的上升,石油开采和产量的增加等因素。尤其是在东非,情况更是如此。埃塞俄比亚、肯尼亚、卢旺达和坦桑尼亚的私人部门投资将是主要驱动因素。

二、非洲外国直接投资的发展趋势[①]

2018 年,非洲的外国直接投资流入量同比上升 11%,达到 460 亿美元,这也是继 2016 年、2017 年下降之后的首次增长。具体地区方面,北

---

① 根据历年 World Investment Report 和 African Economic Outlook 相关数据整理。

非的外国直接投资增长7%,达到140亿美元。其中,埃及的FDI流入量为68亿美元,且主要集中在石油天然气行业;摩洛哥、苏丹、突尼斯和阿尔及利亚的外国直接投资均增长迅速,分别达到36%、7%、18%和22%。中国在该地区建立了多家汽车生产企业,包括上汽集团与突尼斯签署协议,将建立一家面向非洲和欧洲市场的汽车制造企业,以及北汽集团于2018年在阿尔及利亚投资超过1亿美元开设汽车制造公司。西非的外国直接投资下降15%(为96亿美元),为2006年以来的最低水平。其中,由于选举的不稳定风险以及政府与跨国公司的争端等问题,尼日利亚的外国直接投资下降43%,降至20亿美元。与此同时,加纳成为西非最大的FDI接受国,绝大多数为能源项目,包括天然气和矿产投资。在东非地区,外国直接投资流量基本保持不变,为90亿美元,其中埃塞俄比亚的FDI流入量减少18%。虽然埃塞俄比亚的外国投资流入量减少,但行业分布更加多样化,包括制造业、能源、矿产等领域。埃塞俄比亚采取了一系列经济自由化、投资便利化措施,推动建立了多家特殊经济区,因此其经济前景较为乐观。此外,肯尼亚、乌干达和坦桑尼亚的外国直接投资流入量均实现了显著增长,分别达到16亿美元(增长27%)、13亿美元(增长67%)和11亿美元(增长18%)。乌干达的外国直接投资流入量在2018年达到历史最高水平,主要得益于法国、中国和英国石油企业对其大型油田的勘探和开发。在中非地区,外国直接投资流入量为88亿美元,主要为矿产企业对刚果(布)和刚果(金)的投资,包括石油生产、钴矿勘探和加工等领域。在南部非洲,2018年外国直接投资恢复至42亿美元,其中南非的FDI流入量翻了一倍以上,达到53亿美元。在南非,北汽集团在Goega工业区建立了7.5亿美元的汽车制造企业,德国和日本汽车公司也扩大了现有生产线。

在投资来源国方面,虽然发展中国家在非洲的投资增长迅速,但发达国家仍然是投资非洲的主要参与者。截至2017年,法国为非洲的最大投资国,尤其对尼日利亚和安哥拉的能源项目进行了大量投资,并承诺 2022 年对非商业投资达到 28 亿美元。①荷兰的投资存量仅次于法国，其中 2/3 以上集中在埃及、尼日利亚和南非。中国在非洲的投资增长迅速，在 2013—2017 年间投资存量增长超过 50%。此外，美国在 2018 年通过的《更好利用投资促进法案》可能增加非洲的外国投资流入，促进美国在非洲市场扮演更加积极的角色。非洲大陆自由贸易协定的批准也将对地区内部的资本跨国流动产生拉动作用。

第二节　中国对非洲直接投资的发展与特点

就中国对非洲投资而言，中国对非投资存量从 2008 年的 78 亿美元增至 2018 年的 460 亿美元以上，对非资源型国家投资明显上升，行业分布更加广泛；对东道国增加就业、提升技术水平等方面也产生了积极影响。同时在部分国家和行业，欧洲和美国等发达国家仍是非洲 FDI 的主要来源国。

一、中国对非洲投资的发展历程

自"走出去"战略实施以来，中国对非洲投资发展迅速。据商务部统计，2003 年至 2015 年，中国对非洲直接投资流量从 0.7 亿美元增至 29.8 亿美元；投资存量也由 4.9 亿增至 346.9 亿美元。②尤其是在 2008 年全球金融危机之后，增长趋势更加明显。2003—2008 年中国年均对非投资不足 14 亿美元；而 2009—2013 年年均对非投资达到 25.2 亿美元。在 2014 年至 2016 年的短暂下降之后，2017 年中国对非洲投资流量达到 41.1 亿美元（图 9-1）。美国企业协会（AEI）的数据也显示，中国对撒哈拉以南非洲单笔金额 1 亿美元以上投资（不包括协议金

---

① https://www.sohu.com/a/303852143_99933171.
② 根据历年对外投资统计公报整理，参见 2003—2015 年《中国对外直接投资统计公报》，中国统计出版社。

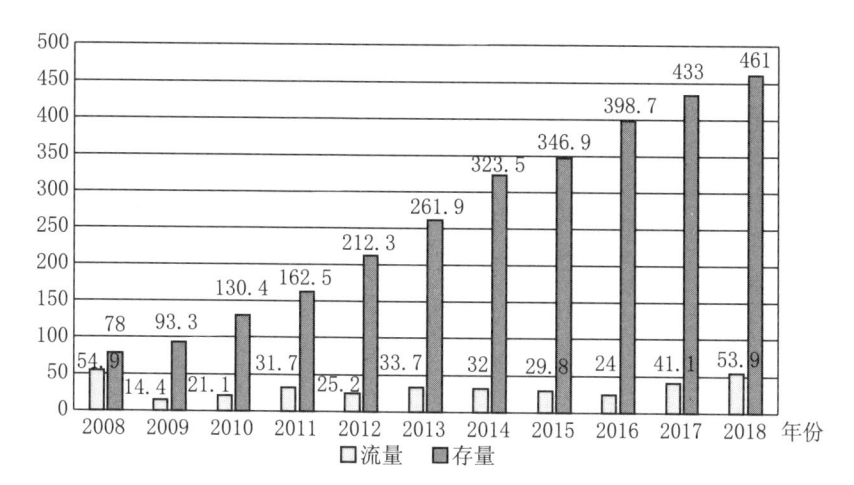

图 9-1　2008—2018 年中国企业对非洲投资金额(单位:亿美元)

* 数据来源:2008—2018 年《中国对外直接投资统计公报》。

额)从 2006 年的 55.4 亿美元达到 2013 年的 194.9 亿美元,实现了实质性的飞跃。[1]根据 AEI 项目数据,从 2005 年至 2015 年 7 月,中国对外投资(单个项目 1 亿美元以上)总额达到 1.1 万亿美元(包括合同金额),对撒哈拉以南非洲的投资总额达到 1 972 亿美元;能源、矿产和交通运输三大类行业对非投资达 1 570.3 亿美元。[2]与传统的欧美国家相比,中国成为对非投资增长最快的国家。2010—2014 年,中国对非投资年均增速达到 25%,而同时期的西方国家在 10% 左右,这一趋势使中国成为继美国、英国和法国之后的第四大对非投资国。[3]截至 2017 年底,中国对非洲各类投资存量超过 1 000 亿美元,几乎遍布非洲各国。其中,2017 年中国对非投资流量为 31 亿美元,接近 2003 年的 40 倍,投资领域逐步

---

[1] The American Enterprise Institute and The Heritage Foundation, "China Global Investment Tracker", https://www.aei.org/china-global-investment-tracker/.

[2] 这一数据库统计了自 2005 年以来中国企业 1 亿美元以上的对外投资和并购案例。但由于能源矿产行业投资额较大,且较小规模的投资并未统计,因此可能高估了能源矿产等行业的投资比例。据统计,2005 年至 2015 年 7 月,中国对世界各地区投资总量分别为:中东和北非 1 090 亿美元;东亚和东南亚 1 445.5 亿美元;欧洲 1 472.8 亿美元;北美 553.4 亿美元;南美 1 159.1 亿美元;亚洲其他地区和独联体国家 1 629.6 亿美元。

[3] McKinsey Global Institute, "Dance of the Lions and Dragons", *McKinsey & Company*, 2017.

拓宽,涉及制造、采矿、建筑、金融、农业等各大领域。

从国家分布来看,中国对非洲资源型国家的投资比重显著下降,对非资源型国家的投资增长更加迅速。2003—2007年,中国对非洲投资主要集中在苏丹、赞比亚、尼日利亚、阿尔及利亚等资源型国家,对前四位资源型国家投资存量占总投资的比重达到46.7%。2011—2015年,对主要资源型国家投资比重下降到28.4%。与此同时,对非资源型国家投资比重显著提升。2008年,中国对非资源型国家投资仅为16.6亿美元,占总投资比重的21.3%。2015年对非资源型国家投资达到110.3亿美元,占比增至31.8%。①就具体国家而言,中国对埃塞俄比亚的投资从2003年的4 478万美元增至2018年的25.7亿美元。对莫桑比克的投资则从242万美元增至14.1亿美元,对刚果(金)、塞拉利昂等国的投资均增长数十倍,占到其外部投资比重的70%以上,成为低收入和贫困国家的重要外部资本来源。

与此同时,对资源和矿产行业的并购在中国对非洲投资的大型项目中占有重要地位。2013年,中国企业就进行了三次大型并购:中石油以42亿美元的价格收购莫桑比克的石油资产;中国铝业公司以21亿美元兼并了几内亚铁矿;中石化以15亿美元购买安哥拉的石油和天然气资产。因此,大型并购成为对非投资增长的关键。②与此同时,中国对资源丰富同时资金匮乏的国家开展了以资源换取基础设施的融资战略,即资源国可以以石油或矿产资源为担保从中国获得低息贷款,中国则承担其国内的部分基础设施建设项目。2004年3月,中国与安哥拉政府签署了在非洲的第一个石油担保贷款协议。据估计,2004年至2011年间,中国以此模式为至少7个非洲国家提供了140亿美元以上的贷款和基

---

① 根据 IMF(2013)的分类,位于中国投资前四位的资源型国家2003—2007年为苏丹、赞比亚、尼日利亚和阿尔及利亚,2011—2015年为尼日利亚、赞比亚、阿尔及利亚和刚果(金)。我们进一步计算了投资存量前八位的石油和矿产品出口国,其占总投资存量比重从52.2%降到40.3%。
② The Economist Intelligence Unit, "Playing the Long Game: China's Investment in Africa", *Mayer Brown report*, 2014, www.mayerbrown.com.

础设施建设项目。①

二、2018年中国企业对非洲投资情况

2018年,中国对非洲的直接投资为53.9亿美元,同比增长31.5%,占当年中国对外直接投资流量的3.8%,较上年提升1.2个百分点。投资目的地方面,中国企业在非洲覆盖了52个国家和地区,主要目的地为刚果(金)、南非、莫桑比克、赞比亚等国。就存量而言,2018年中国对非洲的投资存量达到461亿美元,占对外投资存量的2.3%,主要为南非、刚果(金)、赞比亚、埃塞俄比亚等国。行业分布方面,中国企业在非洲达到3 680家,其存在主要分布于建筑业(147.6亿美元,占比32.0%)、采矿业(104.8亿美元,占比22.7%)、制造业(59.7亿美元,占比13.0%)、金融业(50.7亿美元,占比11.0%)和租赁和商务服务业(29.7亿美元,占比6.4%),前五大行业总计达到392.5亿美元,占中国对非洲投资的85.1%。②

就具体投资项目而言,2018年中国企业在非洲签署了多个大型投资项目。在埃及,中国山东如意科技集团与埃及政府签署协定,投资8.3亿美元,在苏伊士特殊经济区建设纺织园区。同时,中国上汽集团与突尼斯汽车集团签署合作协议,将建立面向非洲和欧洲市场的制造公司。北汽国际集团也在阿尔及利亚开设了制造公司,投资超过1亿美元,用于供应其国内和北非市场。在东非,由法国道达尔集团、中国中海油集团和英国图洛石油公司进行的合作项目推动了油气资源开发,将在未来数年内为乌干达提供可观的外国资本流入。

与此同时,中国在几内亚和埃塞俄比亚的投资迅速增加,为两国经

---

① The Economist Intelligence Unit, "Playing the Long Game: China's Investment in Africa", *Mayer Brown report*, 2014, www.mayerbrown.com.
② 商务部.2018年中国对外直接投资统计公报[M].北京:中国统计出版社,2019:16, 22, 29, 45—47, 51—52.

济提供了重要推动力。中国电力集团在几内亚签署了包括铝生产和物流业在内的综合性铝土开采项目,金额达到29亿美元。中国政府与几内亚政府自2017年签署200亿美元的框架协议以来,中国投资者在几内亚的业务不断增加。根据协议,几内亚将在20年内每年获得10亿美元基础设施建设资金,同时中国投资者将拥有采矿特许权。埃塞俄比亚建立了多家工业园区,其中阿瓦萨工业园是埃塞俄比亚首个且开发规模最大的国家工业园,是中国昆山开发区输送管理、输送项目、输送技术的产物,由中国土木工程公司埃塞俄比亚公司承建,主营方向为服装加工贸易,截至2017年已创造就业岗位超过1.2万个,完全运营后将创造超过6万个就业岗位,每年出口创汇超过10亿美元。[①]2019年中国土木工程公司也将在埃塞俄比亚建立工业园,以吸引中国相关行业的投资者;[②]江苏昆山的投资者也将在埃塞俄比亚东部城市建立工业园区,投资金额超过5亿美元,主要致力于纺织品制造,昆山市政府也将为埃塞俄比亚的员工培训、产业发展、基础设施建设等提供全面支持。

在与欧洲和美国的对比方面,中国投资增长迅速,但规模仍然较小。根据UNCTAD的统计,2001—2012年欧盟对撒哈拉以南非洲投资存量为1 752.88亿美元,美国为613.66亿美元,中国为217.3亿美元。这一差距在部分国家十分明显。截至2012年,尼日利亚FDI存量为1 113.51亿美元,其中欧盟国家投资占32.4%,中国占比12.1%;在南非FDI存量中,欧盟投资占比为76%,中国占3%左右。[③]从投资流量来看,2014年非洲最大的投资国为法国,占非洲外资总额的21%;其次为希腊(12%),中国占比仅为7%。以项目数而言,2014年中国共对非投资28个项目,居第7位,而美国为97个,英国为51个,法国为46个。[④]尤其

---

① http://www.sohu.com/a/206399084_251423.
② http://news.afrindex.com/zixun/article12158.html.
③ UNCTAD database, available at http://unctadstat.unctad.org/wds/ReportFolders/reportFolders.aspx.
④ The Financial Times, "The Africa Investment Report 2015", *fDi Intelligence*, Global Insight from the Financial Times LTD.

在能源部门,与美国和欧洲公司建立的牢固经济利益和长期投资相比,中国对非洲能源部门投资与影响较弱。例如,2014年非洲的主要投资项目包括法国道达尔公司投资160亿美元建设安哥拉Kaombo海上油田项目,加拿大SkyPower FAS能源公司对尼日利亚投资50亿美元建设太阳能电站,希腊Mac Optic公司计划在埃及投资48亿美元建设石油精炼厂。[1]而中国最大的能源项目为中国电力建设公司投资14.9亿美元的津巴布韦煤炭项目。据UNCTAD的投资统计,2017年法国在非洲的FDI存量为640亿美元,美国为500亿美元,英国和中国分别为460亿美元和430亿美元。截至2018年,美国、英国和法国仍然是非洲最大的投资国,其中美国和英国在英语地区市场占有主导地位,而法国则是法语地区市场的主要投资国。

随着中国对非洲投资的迅速增长,中国在投资流量、就业创造等方面已经超过欧洲和美国。2014—2018年,中国投资非洲的项目总计259个,总投资722.3亿美元,创造就业岗位13.7万个;美国投资项目总计463个,投资金额为308.6亿美元,创造就业岗位6.2万个;法国项目数为329个,投资总额341.7亿美元,创造就业岗位5.7万个;英国项目数286个,投资金额177.7亿美元,创造就业4.1万个。[2]因此,中国对非洲投资在存量、流量和项目数等方面增长迅速,中国与欧盟、美国均已成为非洲市场的重要参与者。

第三节 中国对非洲投资的行业特点

中国对非洲投资的行业特点方面,石油行业并购占有较大金额,尤其是对尼日利亚、安哥拉、乍得等国的石油项目并购成为当年对非投资的重

---

[1] The Financial Times, *fDi Intelligence*.
[2] EY Attractiveness Program, "How Can Bold Action Become Everyday Action?", EY Limited, www.ey.com/attractiveness.

要驱动力;同时中国对非洲的基础设施建设尤其是工程建设的投资有效推动了东道国经济增长,而"安哥拉"模式也成为中非经济合作的显著特点。

一、石油行业并购

石油行业是中国对非洲投资的重要方面。2004年以来,中国公司加大了对非洲能源并购的力度,先后并购了道达尔、壳牌等石油公司在非洲国家的部分业务。2007年中国与尼日利亚和南非达成了石油协议,从而与非洲最重要的两个大国建立了能源联系。2012年,中国一度成为撒哈拉以南非洲最大的石油出口国,占其出口比重的22%。2014年,撒哈拉以南非洲对华石油出口6 560万吨,占其出口总量的28.5%,

表9-1 2004—2018年中国对非洲石油业主要投资和并购项目

年份	公司	出资金额	控股比例	合作方/标的方	东道国
2004	中石油	20亿美元	50%	—	
2006	中石化	7.3亿美元	75%	安哥拉国家石油公司(Sonangol)	
2009	中石油、中石化	13亿美元	20%	马拉松石油公司(Marathon)	安哥拉
2011	中石化	—	10%、5%	马拉松公司、道达尔公司(Total)*	
2013	中石化	15.2亿美元	10%	马拉松公司	
2006	中海油	22.7亿美元	45%	南大西洋(South Atlantic)石油公司	
2018	中海油	30亿美元	—	对南大西洋石油项目的增加投资	尼日利亚
2012	中石化	25亿美元	20%	道达尔公司	
2006	中石油	4.8亿美元	100%	Cliveden公司	
2007	中石油	2亿美元	50%	加拿大能源公司(EnCana)	乍得
2009	中石油	4.7亿美元	60%	—	
2011	中石油	3.7亿美元	—	—	
2012	中海油	14.7亿美元	—	—	乌干达
2013	中海油	20亿美元	85%	Kingfisher公司	
2011	中石化	5.4亿美元	80%	壳牌公司(Shell)	喀麦隆
2008	中石油	49.9亿美元	—	—	尼日尔
2013	中石油	41亿美元	28.57%	埃尼公司(Eni)	莫桑比克

- 数据来源:作者根据American Enterprise Institute数据、International Energy Agency(2014)和网络资料整理。
   * 2011年中石油收购马拉松石油公司(Marathon)在安哥拉32块区项目的10%股权,从道达尔公司收购31块区5%的股权。

中国成为其仅次于欧洲的第二大出口市场。同时,这一进口额占中国进口石油总量的17.6%,撒哈拉以南非洲也成为中国第二大石油来源地。[1]

二、基础设施建设

基础设施建设是非洲经济增长的重要推动力,中国对非洲基础设施项目投资主要包括工程承包、优惠贷款等方式。在工程承包方面,非洲已连续四年成为中国第二大海外工程承包市场。2012年,中国企业在非洲完成承包工程营业额408.3亿美元,比2009年增长45%。2013年,中国在非洲承包工程营业额达到479亿美元,占当年营业总额的35%;派出人数达到11.2万人,占当年总派出人数的41.3%。[2]在优惠贷款方面,2010年至2012年5月,中国对非洲优惠性质贷款项下累计批准贷款92个项目,贷款金额达到113亿美元。[3]2012年中非合作论坛期间,中国政府宣布向非洲国家提供200亿美元贷款额度,基础设施项目为重点行业。2014年,李克强总理访问非洲时,宣布将该额度增至300亿美元。2015年12月中非合作论坛期间,中国提出将增加600亿美元资金支持,着力解决非洲基础设施落后、人才不足和资金短缺三大发展困境。据报道,中国将在2025年之前对非洲融资金额达到1万亿美元,其中中国进出口银行承担全部融资的70%—80%。[4]

目前,中国已成为非洲基础设施建设的关键力量。自2007年开始,中国提供了新增基础设施支出的2/3左右。[5]2005—2009年,中国对非基础设施融资年均约50亿美元;2010年达到90亿美元。[6]2013年,中国

---

[1] 数据来源:BP Statistical Review of World Energy June 2015, http://www.bp.com/statisticalreview。
[2] 根据商务部《中国对外投资与合作发展报告2014》和《中国统计年鉴2014》相关数据整理。
[3] 国务院新闻办:《中国与非洲的经贸合作2013》,人民出版社2013年版,第27页。
[4] Toh Han Shih, "China to provide Africa with US $ 1tr financing", *South China Morning Post*, 2013, http://www.scmp.com/business/banking-finance/article/1358902/china-provide-africa-us1tr-financing.
[5] African Development Bank, *African Economic Outlook 2011: Africa and Its Emerging Partners*, UNDP and UNECA, 2011.
[6] Richard Schiere and Alex Rugamba, "Chinese Infrastructure Investments and African Integration", Series No.127, African Development Bank, Tunis, Tunisia, 2011.

融资机构对非洲基础设施融资进一步增至 134 亿美元;而 2009—2014 年西方发展融资机构年均融资额为 154.5 亿美元,其中世界银行 35 亿美元,南非开发银行 27.5 亿美元,非洲发展银行 27 亿美元。根据 ICA 估计,亚洲融资机构在世界对非洲基础设施融资中贡献率为 36%,其中 85% 的亚洲资金来自中国。中国不仅是亚洲也是世界范围非洲基础设施融资的最大来源国,为非洲基础设施建设和经济增长作出了重要贡献。[1]

近年来,中国企业在非洲市场的工程项目面临一定困难,2017 年新签合同金额 765 亿美元,同比下降 6.8%,占中国对外新签合同总额的 28.8%;完成营业额 511.9 亿美元,占对外承包工程完成营业总额的 30.4%。其中,尼日利亚、肯尼亚、安哥拉、埃塞俄比亚、阿尔及利亚 5 国新签合同金额和完成营业额位居前五位,其中肯尼亚和尼日利亚新签合同额同比实现较快增长,增速分别达到 137.3% 和 91.7%。行业分布方面,中国企业在非洲业务主要集中在交通运输、一般建筑和电力工程建设领域,这三个领域占非洲新签合同额和完成营业额的比重均在 70% 以上。新签合同额方面,交通运输、一般建筑、电力工程、通信工程、石油化工等领域业务出现下降;完成营业额方面,交通运输领域业务同比略有增长,工业建设和制造加工等业务同比显著增长。中非产能合作成为新的合作亮点。2017 年,在非洲开展对外承包业务的中国企业达到 595 家,中国水电建设集团国际工程公司、中国路桥工程有限责任公司、中国葛洲坝集团股份有限公司、中国土木工程集团有限公司等新签合同金额较高。在非洲市场业务排名前 20 的企业新签合同金额和完成营业额分别占非洲地区总金额的 59.9% 和 44.1%。

三、"安哥拉模式"

在中国进出口银行的融资模式中,"资源换取基础设施"成为对非洲

---

[1] Herman Warren, "Spanning Africa's Infrastructure Gap: How Development Capital Is Transforming Africa's Project Build-out", *The Economist Corporate Network*, 2015.

融资的重要方式。"安哥拉模式"的具体融资流程可概括为：中国进出口银行向东道国提供贷款，支持其基础设施建设项目，同时东道国与中国签署长期能源供应协议，以对华能源出口收入作为贷款担保。[1]由于这一方式首先在安哥拉实行并推广至数十个非洲国家，所以也称为"安哥拉模式"。这一模式在促进非洲基础设施建设发展的同时，也有广泛的政治意义。因为这为非洲国家提供了资金来源的重要渠道，为其纾解经济困难，寻求在巴黎俱乐部和IMF以外的融资项目有积极作用，其他非洲政府也逐渐增加与中国的此类合作。

表9-2　中国在非洲的部分"资源—基础设施"贷款融资项目

项目	国家	年份	资源偿付	中国融资金额
刚果河大坝	刚果（布）	2001	石油	2.80亿美元
发电站建设	苏丹	2001	石油	1.28亿美元
基础设施项目	安哥拉	2004	石油	10.2亿美元
Papalanto燃气涡轮机电站	尼日利亚	2005	石油	2.98亿美元
蒙贝拉（Mambilla）水电站	尼日利亚	2006	石油	25亿美元
铁矿与热电站	赞比亚	2006	铬矿	—
贝林加铁矿项目	加蓬	2006	铁矿	30亿美元
索阿佩提（Souapiti Dam）大坝	几内亚	2006	铝土矿	10亿美元
布维（Bui Dam）大坝	加纳	2007	可可	5.62亿美元
基础设施项目	刚果（金）	2008	铜矿和钴矿	60亿美元
电子政务和水供应系统	加纳	2010	—	5.1亿美元
煤矿、发电厂等	津巴布韦	2014	铬矿	20亿美元

• 资料来源：根据相关文献和网络资料整理。[2]

中国对非洲的基础设施项目融资取得了显著成果。例如在莫桑比克，中国项目融资包括建设议会大厦、国家体育场、低收入者住房等大型建筑。由中国进出口银行融资3 000万美元建设的马普托大坝将增加城市60%的供水量，成为马普托的关键基础设施。此外，中国建筑公

---

[1] 姚桂梅：中国对非洲投资合作的主要模式及挑战[J].西亚非洲，2013(5)：103—117.
[2] Martyn Davies, "How China Is Influencing Africa's Development", OECD Development Center Background Paper for the Perspectives on Global Development 2010 Shifting Wealth, 2010.

司也参与了多个城市的市内供水系统、桥梁等建设工程。据统计,2001年以来莫桑比克有1/3的新建道路是中国公司承建的。[1]此外,2013年中铁建开始建设尼日利亚第一条现代化铁路。2014年中交集团完成埃塞俄比亚第一条高速公路。截至2013年底,中国企业累计为非洲铺设铁路超过2 200公里,修筑公路超过3 500公里。[2]时任塞内加尔总统阿卜杜拉·瓦德(Abdoulaye Wade)指出,"中国已经创纪录地帮助非洲国家进行了基础设施建设"。[3]

第四节 中国对非洲投资的主要国家分析

中国对非投资的国家分布十分广泛。发达国家方面,中国与南非的经济合作不断进步,在制造业、金融业均有大型合作项目,尤其在基础设施领域有广阔合作前景。在发展中国家中,中国与埃塞俄比亚在纺织服装等行业进行了深入合作,初步形成了涵盖上下游的劳动密集型产业链。但中国企业在基础设施、物流成本等方面仍面临较高成本,这也显示出中国与埃塞俄比亚在相关领域的合作潜力。

一、中国与南非的经济合作

近年来,中国与南非的经贸合作取得了快速进步。2015年12月,中国和南非签署了26个总价值为65亿美元的协定,同意增强在优先领域的合作,并在南非建设经济开发区。中国公司在南非制造业部门进行了大量投资,包括汽车零部件制造、家庭电力设备、金融服务等领域。例如,海信公司投资3 000万美元建立了家用电器设备生产公司,北京汽车工业公司投资2.26亿美元建立了汽车装配生产线,年产汽车达到

---

[1] Richard Schiere and Alex Rugamba, "Chinese Infrastructure Investments and African Integration", Series No.127, African Development Bank, Tunis, Tunisia. 2011.
[2] 根据中国商务部网站资料整理。
[3] Abdoulaye Wade, "Time for the West to Practice What it Preaches", *Financial Times*, January 24, 2008.

5万辆。在服务业方面,中国工商银行2011年收购南非标准银行20%的股份,成为当年中国最大的收购交易。

表9-3 中国企业在南非的主要投资项目

行　业	企　业	投资项目	项目规模
汽车装备制造	一汽集团	卡车装配基地	5 000万美元,年产卡车5 000辆
家用电器制造	海信集团	电视机、冰箱生产线	年产电视机、冰箱分别达到40万台
家用电器制造	北京汽车制造公司	汽车制造、组装及服务	投资2.26亿美元,年产汽车5万辆
银行业	中国工商业银行	收购南非标准银行全球市场业务部门60%的股权	总价值7.65亿美元
再生能源	海润光伏产业公司	以合资形式建立光伏生产基地	出资400兰特,占注册资本的40%
再生能源	北汽集团	与南非工业发展公司组建小型汽车合资企业	总投资1.96亿兰特(人民币4 100万元)
航空服务业	中航国际航空发展有限公司	对艾维国际飞行学院增资控股,拓展航空出口业务	持股比例为70%,已为12个国家培训了近百名飞行员

2018年,中国与南非双边贸易额为435.5亿美元,同比增长11.18%。其中中国出口162.51亿美元,增长9.62%;进口272.99亿美元,增长12.13%。截至2017年底,中国企业对南非直接投资存量74.73亿美元。2018年,中国企业在南非的新签工程承包合同金额为18.05亿美元,完成营业额13.81亿美元。①中国多家企业在南非的投资促进了两国经贸合作水平的提升。例如,中国优秀民营企业亨通集团2016年以来在南非的高压电缆车间投资超过1.35亿兰特,为当地创造了1 300个就业岗位。2019年,中国大型经贸代表团访问南非,两国签署了93项协议,总价值近20亿美元。②

中国与南非在金融领域的合作也有了积极进展。2008年,中国工商

---

① http://www.csc.mofcom.gov.cn/article/bilateraldynamics/201903/408642.html.
② http://www.csc.mofcom.gov.cn/article/bilateraldynamics/201907/412171.html.

银行出资 55 亿美元收购其 20% 的股份,成为其最大单一股东。通过战略入股标准银行,工商银行迅速将客户服务能力有效拓展至近 20 个非洲国家,为中国企业顺利在南非开展业务提供了有力支撑。截至 2017 年 6 月,工商银行及各境外分行已审批非洲各类项目共 88 个,承贷金额 200 亿美元以上。此外,中国银行约翰内斯堡分行积极开展人民币业务,出资 10 亿兰特支持建设的冀东水泥厂已于 2016 年投产,日产水泥 3 000 吨,成为双方产能合作的模范项目,为南非基础设施改善提供了可靠保障。

二、中国企业与埃塞俄比亚的产业链建设

对于皮革制品业,埃塞俄比亚有明显的竞争优势,同时也面临着诸多限制性因素。其优势主要包括高质量的皮革生产、有竞争力的水力资源供应和廉价的劳动力资源,以及欧美国家的优惠市场准入等条件;而劣势在于缺少动物疾病控制、皮革加工能力较弱、管理和技术不足、物流成本较高等,这些方面使埃塞俄比亚皮革及相关产业远落后于有相似优势的国家。2010 年,越南皮革类产品出口 23 亿美元,就业人数达到 60 万人;同时期埃塞俄比亚皮革类产品绝大多数为小型企业,产品供给国内市场,行业内就业 8 000 人,出口额为 800 万美元。为了提升皮革行业竞争力,埃塞俄比亚政府成立了皮革业发展协会(LIDI),大力推动行业出口和投资,其主要措施包括提升行业技术水平(引进印度皮革技术),为投资者提供行业信息服务,提升公共和私人领域的合作,增加财政激励等方面。尤其是放宽了对外国投资的准入限制,鼓励相关外国企业进入工业园区。对于外国企业投资,埃塞俄比亚政府提供了税收窗口期和核对装备进口的免税政策,以及增加电力供应,推行清关行动便利化等措施。①

由于埃塞俄比亚政府提供了较好的基础设施、额外的税收激励以及

---

① 埃塞俄比亚采取了多项措施引进中国企业,例如在基础设施方面,引进中国企业兴建了 6.6 万公里的公路和增加了 15% 的电力供应,2016 年开始兴建 750 千米的亚吉铁路。同时,埃塞俄比亚减免了进口资本品关税,建立了一站式服务来简化外国企业的商业注册和许可;任命了汉语水平较高的官员负责与中国的商务联系,而且定期到中国各省开展投资促进活动。

优惠的土地政策,华坚集团作为中国最大的鞋类制造公司,在埃塞俄比亚投资约1 000万美元建立鞋类制造企业。华坚集团于2012年开始运营,雇用本地劳动者数量超过3 500人,年产皮鞋达到20万双。[1]2013年,华坚集团与埃塞俄比亚政府签署协议,建立埃塞俄比亚—中国华坚轻工业园,总投资4亿美元,创造3万—5万个就业机会,出口创汇达10亿美元。

中国皮革制品企业不仅增加了东道国的就业和产值,也对当地企业产生了竞争效应。据研究,埃塞俄比亚本地鞋类市场实行对外国进口的自由化之后,中国进口占其全国进口量的80%以上。面对中国产品的竞争,规模较小、技术水平较低的本土企业受到了冲击,但中型企业有60%以上通过改进产品设计、购置新设备和其他创新措施提高了竞争力,在3年内提高了净利润水平。[2]此外有多家皮革公司陆续成立和建设。中非洋皮业股份有限公司已与埃塞俄比亚签署协议,决定投资3 400万美元建立一个皮革和三个鞋类生产公司。

然而,中国皮革企业在埃塞俄比亚仍然面临一系列问题,阻碍其规模的扩大。这尤其反映在较高的物流成本、较长的清关时间和不充足的基础设施等方面。例如,中国企业对美国订单的交货时间为45—60天,而埃塞俄比亚达到了100天以上。清关时间较长,部分原因在于海关部门效率较低,缺乏相关的专业技术。此外当地通信费用、电力供应等方面仍然未能满足中国企业需求。

第五节　新冠肺炎疫情可能对中非合作的影响

截至2020年3月31日,非洲确诊新冠肺炎病例的国家达到49个。

---

[1] Miria Pigato and Wenxia Tang, "China and Africa: Expanding Economic Ties in an Evolving Global Context", World Bank Working Paper, No.95161, 2015, p.19.
[2] Tegegne Gebre-Egziabher, "Impacts of Chinese Imports and Coping Strategies of Local Producers: The Case of Small-Scale Footwear Enterprises in Ethiopia", *Journal of Modern African Studies*, 45(4), 2007, 647—679.

非洲疾控中心数据显示,非洲总确诊病例达 5 413 例,总死亡病例 172 例,已有 28 个国家出现本土传播病例。其中,南非确诊病例达到 1 353 例;其次是埃及、阿尔及利亚、摩洛哥等国,确诊病例均超过 500 例;西非地区的布基纳法索、象牙海岸、塞内加尔确诊病例在 100—300 例之间;中非地区的喀麦隆为 193 例。其余大部分国家确诊病例均在几例到几十例之间。由于非洲各国新冠病毒检测能力有限,实际感染人数应远高于官方数据。世卫组织多次警告,呼吁非洲国家认清现实,吸取教训,为新冠肺炎疫情在非洲大陆的蔓延做好准备,采取积极措施全面应对疫情传播。

目前,非洲各国采取的措施主要包括两个方面。一是加强各类防控措施,包括关闭边境口岸、强制要求隔离、禁止公共集会、关闭学校等;其中卢旺达、南非、津巴布韦、尼日利亚均实施了封锁、宵禁措施。二是采取经济刺激政策。例如莫桑比克、喀麦隆等采取了一系列财政和货币政策,扩大国内需求、减缓疫情对经济造成的冲击。由于非洲国家医疗卫生体系薄弱,缺乏防护物资、人员、技术等,同时政府动员能力不足,因此疫情蔓延情况可能仍将继续,对国内经济体系造成严重影响。

在非洲疫情尚未得到控制的背景下,国内对非洲投资的趋势可能会有所放缓。与此同时,中国在非洲已开展各类培训和健康教育活动,减轻疫情对企业和项目运行的影响。截至 3 月底,中国医疗队全面支持非洲国家展开医疗活动,培训东道国医疗人员达到 1 万多人,发布各类防控指南 800 份以上,覆盖了大量非洲民众与中国投资企业。中国国内专家与多个非洲东道国展开技术交流,确保中国企业和人员的安全。

第十章
中国跨国公司发展现状的分析

近年来,随着"走出去"倡议的推进,中国企业积极参与全球市场竞争,涌现出了一大批跨国公司,成为中国对外直接投资的重要主体。从企业规模、行业分布、技术实力、品牌控制和跨国程度等维度的比较分析显示,在过去的一年中,中国跨国公司整体表现不俗,有不少可圈可点之处。但同时也要注意到,中国跨国公司还存在高端要素缺乏,跨国程度有待进一步提升等不足,总体竞争优势仍有提升空间。特别是在当前疫情背景下,短期内中国跨国公司跨国经营活动会受到一定冲击,实践中需要引起重视,做好风险防范,尽力减少疫情带来的冲击。

第一节 中国跨国公司发展概况

联合国贸发组织(UNCTAD)发布的《2020年世界投资报告》提供的资料显示,2019年全球外国直接投资(FDI)流量为1.5万亿美元,较2018年略有回升。2019年中国全行业对外直接投资1 106亿美元。中国境内投资者共对全球166个国家和地区的5 791家境外企业开展非金融类直接投资。在面临世界经济复苏缓慢,逆全球化抬头,新冠肺炎疫情冲击等不利局面下,中国对外直接投资稳步发展,中国跨国公司积极有为,稳健发展,表现不俗,这在2019年《财富》"世界500强"榜单中得到充分体现。

2019年《财富》"世界500强"中,中国上榜企业数量为129家(包括中国台湾地区上榜的10家企业),美国上榜企业数量为121家,这是自

1990年"世界500强"榜单诞生以来,中国上榜企业数量首次超过美国。从表10-1上榜企业数量分布情况可以看出,中国和美国是仅有的两个上榜企业数量超过100家的国家。中国占500家企业数量的25.8%,美国占24.2%,中国和美国总共上榜企业数量为250家,占比为一半。法国、德国、英国、瑞士、加拿大和荷兰这些传统的发达国家以及新兴经济体中的韩国上榜企业数量在10—60家之间,总数为183家,占比为36.6%。其他发达经济体和新兴经济体各经济上榜数量较少,总数为67家,占比为13.4%。此外,2019年"世界500强"排行榜一共有25家新上榜和重新上榜公司,其中新上榜的中国公司有13家,占总数的一半以上,显示了中国跨国公司发展的良好态势。

表10-1 2019年世界500强各国/地区上榜企业数量

排名	国家/地区	公司数量	排名	国家/地区	公司数量
1	中国	129	10	荷兰	11
2	美国	121	11	西班牙	9
3	日本	52	12	巴西	8
4	法国	31	13	印度、澳大利亚	各7
5	德国	29	14	意大利	6
6	英国	17	15	爱尔兰、俄罗斯、墨西哥	各4
7	韩国	16	16	新加坡	3
8	瑞士	14	17	沙特阿拉伯	2
9	加拿大	13	18	比利时、丹麦、波兰、奥地利、阿拉伯联合酋长国、芬兰、卢森堡、马来西亚、挪威、瑞典、泰国、土耳其、印度尼西亚	各1

• 资料来源:2019年《财富》关于"世界500强"企业的统计。
注:此处中国包括中国内地和中国香港地区的上榜企业,也包括中国台湾地区的10家上榜企业。

不仅是上榜企业数量增加,中国跨国公司的营业收入和利润规模也迅速攀升。2019年上榜500家公司的总营业收入近32.7万亿美元,中国企业的营收占25.6%,接近美国的28.8%。美国总利润占比34%。而在2013年美国营业收入占比为28.4%,总利润额占比为36.8%;中国这两项占比分别为16%和16.7%。中国跨国公司的营业收入和利润收入已经超过英国、法国、德国和日本等传统经济体以及其他主要新兴经济体。总体来说,中国跨国公司规模优势明显,这种规模优势不仅体现为涌现的企业数量众多,而且体现在企业规模的扩张上。

表10-2 2019年主要国家上榜企业营业收入与利润规模占500强的比重

国　家	美国	中国	英国	法国	德国	日本	韩国	俄罗斯	印度	巴西
总营业收入占比(%)	28.8	25.6	3.2	5.4	6.2	9.5	2.8	1.2	1.2	1.2
总利润额占比(%)	34.0	20.0	3.3	3.7	4.2	7.4	3.3	2.8	0.5	1.4

· 资料来源:根据2019年"世界500强"排行榜计算。

第二节　中国跨国公司的竞争优势分析

基于国际比较视角,从行业分布、技术实力、品牌控制和跨国程度四个方面的分析来看,与发达国家跨国公司相比,中国跨国公司在传统产业领域有较大竞争优势,在先进制造业和现代服务业已开始有所突破,但跨国经营主体须多样化,高端要素总体缺乏,跨国程度需进一步提升,国际产业分工地位有待进一步改善,总体竞争优势仍有提升空间。

一、行业分布

在财富500强归类的53个行业中,2019年中国上榜企业主要来自包括银行、保险、多元化金融等在内的金融行业(23家),采矿与原油生产(13家),金属产品(13家),贸易(10家),工程建筑(8家),车辆与零部件(7家)6个行业,企业数量占总数的57.4%。船务、房地产和纺织这3个行业全部为中国企业。在银行(商业储蓄)业、车辆与零部件业、采矿与原油生产业、人寿与健康保险(股份)业、金属产品业、贸易业、公用设施业、电子与电气设备业、工程与建筑业、能源业、工业机械业、互联网服务和零售业以及建材与玻璃业这 13 个行业中国上榜企业数量超过美国。在食品店和杂货店、航空、食品生产、批发、综合商业、娱乐、计算机软件、信息技术服务等 23 个领域没有企业上榜。值得注意的是，在互联网服务和零售领域，包括京东、阿里巴巴、腾讯和小米在内，中国上榜企业达到 4 家，超过美国的 3 家（亚马逊、Alphabet 公司和 Facebook 公司）。在航天与防务、计算机与办公设备、化学品以及网络与通信设备这 4 个行业，中国和美国上榜企业数量相同，显示了中国跨国公司在技术与资本密集型行业领域的追赶态势。

除贸易、工程与建筑、建材与玻璃、房地产、铁路运输、船务、多元化外包服务、纺织这 8 个行业外，其他行业均有来自美国的企业。保健（保险和管理医保）、综合商业、财产与意外保险（互助）、批发（电子、办公设备）、建筑和农业机械这 5 个行业全部为美国企业。炼油、人寿与健康保险（互助）、制药、专业零售、多元化金融、航空、食品生产、食品（消费产品）、管道运输、半导体与电子元件、批发（保健）、饮料、信息技术服务、其他、计算机软件、家居与个人用品、服装、娱乐、烟草、批发（食品）、保健（医疗设施）、医疗器材和设备这 22 个行业美国上榜企业数量超过中国。

从中美两国跨国公司行业分布对比可以发现，中国跨国公司的分布比较集中，主要来自传统制造业及服务业，竞争优势仍集中在传统行业中的市场垄断、资源垄断和劳动密集型领域，但在高科技领域和高端服务业领域有开始突破的迹象。美国跨国公司存在较强高科技领域和现代服务业领域的竞争优势。

此外，日本企业主要来自车辆与零部件、电子与电气设备、贸易、计算机与办公设备等领域。英、法和德国企业主要来自银行业、车辆与零部件、人寿与健康保险等领域。日本和欧洲跨国公司的竞争优势主要体现在一些高技术制造业和现代服务业领域。包括俄罗斯、印度、巴西和韩国等在内的其他新兴经济体企业主要来自炼油、银行、能源、车辆与零部件以及采矿与原油生产等行业领域,在财产与意外保险、航天与防务、制药、信息技术服务等其他行业基本没有上榜企业,说明其他新兴经济体跨国公司的竞争优势主要集中在低端的传统行业领域。相比较于其他新兴经济体跨国公司,中国跨国公司竞争优势明显。

二、技术实力

2019年全球创新指数排名中,中国的排名继续攀升,从2018年的第17位升至第14位,在领先的创新国家中稳居一席之地。中国在中等偏上收入经济体中居第一位,仍然是中等收入经济体中唯一进入前30名的国家。在本国人专利数量、本国人工业品外观设计数量、本国人商标数量以及高技术出口净额和创意产品出口这几项上,中国仍然位居前列。中国在多个领域体现出明显的创新实力。这与中国在研发方面的大量投入有关。2017年全球研发支出最多的国家是美国,为5 110亿美元,中国紧随其后,为4 520亿美元,这一支出水平是第三位日本的2倍多。作为传统发达经济体,美国仍展现了较高的技术实力。2019年美国在全球创新指数排名中位居第三位,排名位于瑞士和瑞典之后。

在知识产权得到跨国公司高度重视的今天,专利是衡量一家跨国公司技术实力的重要指标。2019年,中国通过世界知识产权组织"专利合作条约"(PCT)途径提交了58 990万件专利申请,是提交国际专利申请量较多的国家,显示了中国的创新活力。2019年,提交年度国际专利申请量排名前20位的申请人见表10-3。2019年中国共有5家企业进入前20位,这5家企业分别是华为、广东欧珀、京东方、平安科技和中兴通讯,其专利申请主要集中在数字通信、计算机技术、显示技术、半导体、人工智能等领域。其他15家企业分别为日本6家,美国3家,韩国3家,德国2家和瑞典1家。美国3家企业分别为高通公司、惠普公司和微软公司,专利申请主要来自数字通信和电子通信技术、计算机技术等领域。日本企业申请专利主要来自半导体设备领域、电视相关的技术、电池技术等。德国企业的优势在电机、仪器、能源等领域,韩国的专利主要来自电器、机械领域。

表10-3 2019年世界前20位PCT申请人

排名	申请人	申请人国别	申请量(件)
1	华为技术有限公司	中国	4 411
2	三菱电气公司	日本	2 661
3	三星电子有限公司	韩国	2 334
4	高通公司	美国	2 127
5	广东欧珀(OPPO)移动通信有限公司	中国	1 927
6	京东方科技集团有限公司	中国	1 864
7	爱立信公司	瑞典	1 698
8	平安科技(深圳)有限公司	中国	1 691
9	罗伯特博世公司	德国	1 687
10	LG电子公司	韩国	1 646
11	LG化学有限公司	韩国	1 624
12	松下知识产权管理有限公司	日本	1 567
13	索尼公司	日本	1 566
14	惠普公司	美国	1 507
15	微软公司	美国	1 370
16	富士胶片公司	日本	1 158
17	西门子公司	德国	1 153
18	中兴通讯	中国	1 085
19	电装株式会社	日本	1 026
20	日本电气公司	日本	1 024

• 资料来源:世界知识产权组织《2019年世界知识产权指标》。

众多中国跨国公司中,华为公司在知识产权方面的优势无疑是非常突出的。从华为公司历年专利申请情况来看,从2005年到2019年这15年中,华为公司PCT累积申请量为38 008件,平均年申请量为2 534件。自2007年华为进入前五位PCT申请人以后,华为一直保持较强的创新活力,近三年一直是全球PCT申请量最大的公司。华为在无线通信网络技术相关的申请数量最多,其次是数字信息传输和数字数据处理技术方面的申请,体现了华为在通信领域的技术优势。

表 10-4 华为公司 2005—2019 年 PCT 专利申请情况

年 份	2019	2018	2017	2016	2015	2014	2013	2012
申请量(件)	4 411	5 405	4 024	3 692	3 898	3 442	2 110	1 836
排 名	1	1	1	2	1	1	3	5
年 份	2011	2010	2009	2008	2007	2006	2005	总计
申请量(件)	1 835	1 573	1 853	1 737	1 365	578	249	38 008
排 名	3	4	2	1	3	13	38	—

• 资料来源:世界知识产权组织《2019 年世界知识产权指标》。

三、品牌控制

世界知名品牌是跨国公司重要的无形资产和高级要素,一国跨国公司能否拥有世界知名品牌是该国跨国公司国际竞争力的重要体现。本研究采用世界品牌实验室(World Brand Lab)联合世界经理人集团独家编制的 2019 年《世界品牌 500 强》排行榜来比较中外跨国公司对品牌控制的情况。[①]

2019 年《世界品牌 500 强》排行榜入选国家共计 29 个。从各国拥有品牌的数量来看,美国跨国公司具有绝对优势,美国拥有的品牌数量为 208 个,占比 41.6%,而 2013 年美国上榜品牌高达 232 个,接近 50%。英国(44 个)、法国(43 个)、日本(42 个)、中国(40 个)、德国(27 个)、瑞士(21 个)和意大利(14 个)等居于第二层次。韩国(5 个)、俄罗斯(3 个)和印度(2 个)等新兴经济体入围品牌数量较少。中国属于新兴经济体中的佼佼者,拥有世界品牌的数量稳定上升,对比其他新兴经济体拥有绝对优势,虽然与美国差距较大,但同其他发达经济体相比,品牌实力有较大提升。从品牌涉及的行业领域来看(见表 10-5),中国

---

① 自 2005 年至 2013 年,世界品牌实验室已连续九年发布《世界品牌 500 强》排行榜,依据市场占有率、品牌忠诚度和全球领导力等三项指标以评判品牌的世界影响力,即品牌开拓市场、占领市场并获得利润的能力。这一榜单除企业品牌外,还包括非营利机构和教育机构的品牌,但主要以企业品牌为主,2013 年非营利机构和教育品牌为 17 个,其中美国为 10 个,因此不影响研究结论。

上榜品牌不仅来自银行、保险、能源、工程与建筑、交通运输等传统行业领域,也来自信息技术、互联网等新兴产业领域。

表 10-5　主要国家跨国公司代表性世界品牌比较分析

国家	代表性品牌	特　　点
中国	国家电网、腾讯、海尔、中国工商银行、华为、阿里巴巴、华润、中国移动、联想、中国人寿、中国石油、中国石化、中国航天科工、中国建筑	行业分布广泛,包括银行、保险、能源、互联网、电信、计算机与通讯、传媒、工程与建筑、防务与飞机制造等
印度	塔塔、印孚瑟斯	工业设备、计算机与通信
俄罗斯	俄罗斯联邦储蓄银行、俄罗斯天然气、皇冠伏特加	能源、食品与饮料
巴西	巴西石油	能源
韩国	三星、现代、LG	主要为数码与家电、汽车与零件
美国	谷歌、苹果、亚马逊、微软、可口可乐、通用电气、埃克森美孚、波音、IBM、科尔尼、智威汤逊、波音	涉及行业广泛,包括互联网、软件、金融、咨询、广告、计算机办公设备、能源、航空与防务等
英国	联合利华、英国石油、沃达丰、汇丰、捷豹、乐购、汤森路透	以服务业为主,主要包括零售、传媒、银行、广告等
法国	欧莱雅、路易威登、香奈儿、迪奥	以奢侈品、服装服饰为主
德国	宝马、梅赛德斯—奔驰、博世、大众	以制造业为主
意大利	乔治阿玛尼、古琦、普拉达、范思哲	以奢侈品、服装服饰为主
日本	软银、索尼、丰田、本田、花王、佳能、松下	以汽车与零件、数码家电、通信与电子、计算机办公设备行业为主

• 资料来源:根据 2019 年世界品牌 500 强资料整理。

英国品牌价值咨询公司(Brand Finance)发布的《2019 年全球最具价值品牌年度报告》同样证实了中国跨国公司品牌不断上升的影响力。在 2019 年的 500 强品牌榜单中,来自中国的品牌总价值高达 13 074 亿美元,首次突破万亿美元大关,其中不少来自科技领域的品牌脱颖而出。微信(WeChat)就是其中之一。微信以 507 亿美元的品牌价值和 126% 的增长率,从 2018 年的全球第 47 位一跃升至第 20 位,品牌实力更是从 72 位升至全球第 4 位。腾讯则以 497 亿美元位列第 21 位。总体来看,中国跨国公司所拥有的品牌更加多元化,除了传统品牌外,近年来中国跨国公司在高科技制造、互联网等新兴产业领域也有不少品牌崛起,显示中国跨国公司拥有的品牌不仅数量增加,而且质量也在提升。

四、跨国程度

跨国程度是跨国公司全球化经营实力的重要考量因素,衡量企业跨国程度的指标是跨国指数。[①]根据中国企业家联合会、中国企业家协会发布的《2019年中国100大跨国公司》报告显示,2019年中国规模最大的100家跨国公司的海外资产占比、海外营业收入占比、海外员工占比分别为16.96%、20.17%、10.74%,与2011年的上榜企业相比,海外资产占比、海外营业收入占比、海外员工占比分别提高了2.23、2.83、6.07个百分点。2019年中国规模最大的100家跨国公司的平均跨国指数为19.74%,较2011年提高了3.72个百分点,跨国指数稳步上升。

表10-6 2019年中国10大跨国公司跨国指数排名

排名	企业名称	海外资产(万元)	海外收入(万元)	海外员工(人)	跨国指数(%)
1	中国石油天然气集团有限公司	91 912 417	113 679 952	122 704	24.95
2	中国石油化工集团有限公司	62 238 419	87 697 937	39 658	21.97
3	中国中信集团有限公司	57 071 538	8 889 769	30 293	12.66
4	中国远洋海运集团有限公司	55 840 636	15 081 516	8 091	50.41
5	腾讯控股有限公司	51 326 103	1 028 586	35 169	44.13
6	中国海洋石油集团有限公司	47 812 263	43 068 281	4 671	34.83
7	中国化工集团有限公司	37 201 734	21 688 278	86 025	51.99
8	华为投资控股有限公司	36 618 560	3 490 400	45 000	28.28
9	国家电网有限公司	28 636 578	10 283 503	15 759	4.31
10	中国交通建设集团有限公司	23 774 955	15 540 775	31 788	20.45

根据联合国贸发会议发布的《2019年世界投资报告》,2018年,按海外总资产排名的全球非金融类跨国公司100强中,中国内地有5家企

---

① 跨国指数按照(海外营业收入÷营业收入总额+海外资产÷资产总额+海外员工÷员工总数)÷3×100%计算得出。

业入围。总的来看,世界排名前 100 位的非金融类跨国公司平均跨国指数为 64.5,入围的 5 家中国内地企业的跨国指数平均值为 33.6,中国跨国公司的跨国指数水平与全球平均值相差较大。全球发展中与转型经济体非金融类跨国公司 100 强中,中国内地有 25 家企业进入榜单,其中有 6 家企业进入前 10 位。这 25 家企业跨国指数平均值为 29.3,低于全部 100 家企业 50.0 的平均值。这也说明未来中国跨国公司的国际化发展还有较长的路要走。

表 10-7　中国代表性跨国公司的跨国指数

企　　业	所属行业	跨国指数(%)
中国五矿集团公司	金属与金属制品	20.9
中国远洋运输股份有限公司	运输和仓储	50.4
腾讯控股有限公司	计算机和数据处理	44.1
中国海洋石油总公司	采矿、采石和石油	26.0
中国国家电网公司	电　　力	8.4
中国化工集团公司	化工制品	52.0

以上从四个维度指标体系开展的比较分析表明,中国跨国公司是新兴经济体跨国公司中的佼佼者,与美国、日本、德国等发达国家跨国公司相比,在传统产业领域,中国跨国公司优势明显,在高技术产业领域,中国跨国公司近年来竞争优势也有较大提升,但整体上仍存在一定的差距,主要体现在以下几个方面:

(1) 跨国经营主体须多样化,发展空间有待进一步拓展。总体来说中国大型跨国公司以国有企业为主,民营企业相对较少。根据中国企业联合会和中国企业家协会推出《中国 100 大跨国公司分析报告》显示,2019 中国跨国公司 100 家中,民营企业 27 家,国有及国有控股公司 73 家,其中中央企业 38 家,主要以国有企业为主。一方面,国有跨国公司对于实现国家经济发展是必要的,必须进一步做强做大国有跨国公司,支持国有跨国公司参与全球竞争,成长为世界一流企业。另一方面,民营跨国公司是市场化经营的企业,成长于激烈的竞争环境中,是中国企业参与国际竞争的有机组成部分,因此中国企业在全球化竞争中的群体崛起需要有涌现更多民营跨国公司。特别是在高技术开发等敏感领域,中国国有跨国企业在这些领域的投资经常遭受其他国家以国家安全等为借口的抵制,规避这些政治壁垒也需要跨国经营主体的多样化,唯有如此才能进一步拓展中国跨国公司发展的空间。

(2) 高端要素总体缺乏,需增强可持续发展能力。中国跨国公司的优势主要是在劳动密集型制造领域和传统服务领域,如银行、通信、运输等领域,在高端服务业领域,中国具有世界影响力的跨国公司较少。高端要素是跨国公司的生命线。虽然中国也涌现了华为等杰出的高科技公司,但总体上中国跨国公司技术实力不足,自主创新能力有待进一步提升,跨国品牌的世界影响力还不够,高端要素缺乏,与发达国家跨国公司存在差距,需增强可持续发展能力。

(3) 跨国程度需进一步提升,全球化进程仍需推进。中国跨国公司跨国程度普遍较低,可称为内向型跨国公司,而来自美、日等发达国家的跨国公司可称为外向型跨国公司。当然,由于中国国内市场较大,中国跨国公司经营活动更多依赖国内市场的话,确实会存在比其他国家同类跨国公司跨国指数更低的情况。但在跨国公司普遍实行全球化经营战略的今天,跨国指数的高低一定程度上也反映了企业全球化经营水平和竞争实力。跨国指数低说明中国一些跨国公司主要在国内市场上利用中国自己的资源参与全球竞争,其在全球范围内利用资源的能力有待提升。

(4) 行业分布较为集中,国际产业分工地位有待进一步改善。中国跨国公司大多来自资源开发、铁路运输、工程建造、建材、贸易等相关的传统行业,产品和服务的附加值低,主要处在全球产业价值链的中低端。而发达国家跨国公司较多分布在航天、证券、计算机及办公设备、软件数据服务、网络通信、制药、医疗保健、多元化外包服务等高技术和高端服务业领域,整体技术和产业结构层次较高。主要原因在于,在上一轮发达国家跨国公司主导的全球产业分工与价值链的形成过程中,中国主要是以土地、低成本劳动力等优势资源参与全球产业分工,虽然在特定历史阶段下这是中国必然的经济发展选择,但在这种发展模式主导下,中国跨国公司是全球产业分工的被动参与者,价值链环节的低端锁定也导致中国难以大量涌现世界级的跨国公司。

对中国跨国公司来说,在发展的初期阶段,从规模和数量方面突破不失为一条捷径。不可否认,中国跨国公司所存在的差距与中外跨国公司处于不同的发展阶段直接相关,但中国跨国公司在肯定已有优势的同时,更应该正视差距,奋起直追,争取未来涌现更多世界一流跨国公司。

第三节　短期内新冠肺炎疫情对中国跨国公司对外投资形成一定的冲击

当前全球范围内各国疫情防控仍然面临较大压力,日前世界卫生组织表示新冠肺炎还会与人类共存很长时间,这说明至少短期内疫情仍是世界经济复苏的重要挑战。疫情造成全球人员和物资流动减缓甚至停滞,全球供应链受到冲击,一些行业甚至完全关闭,全球需求萎缩,短期内这会对中国跨国公司跨国经营活动形成一定的冲击。

首先,中国跨国公司在东道国的经贸活动受到影响。截至2018年底,中国2.7万家境内投资者在国(境)设立对外直接投资企业4.3万家,分布在全球188个国家和地区,占全球国家(地区)总数的80.7%,中国企业对外投资区域分布广。疫情对中国跨国公司在东道国经贸活动的影响主要表现在两个方面:一是东道国国内应对疫情采取相关政策所带来的经营风险。为控制疫情蔓延,各国采取了各种封锁性和限制性的防控措施,这些政策措施涉及出入境管理、交通管制、检验检疫、物资与人员流动等,影响了中国跨国公司在当地投资企业的生产与经营活动,提高了项目运营成本与风险。另一方面,由于疫情在全球范围扩散,各国的防控管制措施客观上对全球供应链造成冲击,造成局部范围内生产停止,对中国跨国公司全球范围内的生产协调造成不利影响,短期内可能需要中国跨国公司重新就近寻找可替代供应商或等待复工复产。总体来看,疫情对中国跨国公司经贸活动影响的范围和程度取决于当地疫情发展情况,与当地政府的防控措施和防控效果密切相关。从目前全球情况来看,疫情短期内无法马上消除,这会减缓中国企业在全球产业链布局的进度,不利于中国企业的全球化进程,中国跨国公司对此应做好充分准备。

其次,中国跨国公司对外投资风险增大。本次疫情发生后,民粹主义抬头,一些国家反对全球化的思潮涌现,各种政策更加注重本国利益而不是全球协调合作,令已遭受疫情冲击的世界经济雪上加霜。联合国贸发会议发布《投资政策监测报告》预计,受疫情影响,2020年全球外国直接投资将萎缩40%,跌至过去20年来的最低水平。仅2019年11月至2020年2月间,就有28个国家推出38项新投资政策,其中美、欧、日、德、澳等发达经济体显著收紧外资安全审查制度。[1]事实上,早在疫情发生之前,以欧美发达国家为代表的国家和地区通过加强安全审查等措施对来自中国企业的相关投资进行限制。如2019年4月,欧盟《外资审查条例》正式生效,该条例明确了欧盟成员国可以合法阻止外资对涉及关键基础设施、技术、原材料和敏感信息的收购交易,中国对外直接投资面临更加严密的审查。2019年9月美国财政部发布了《外国投资风险审查现代化法案》实施细则,列举了28类关键基础设施。这些发达经济体针对外国投资的限制措施不仅对特定领域(这些特定领域主要为高技术领域以及由东道国认定的其他敏感领域)的投资进行限制,而且也对特定的企业进行限制,主要是针对中国的国有企业。有研究以2009—2015年美国外国投资委员会以国家安全阻挠的不同类型中国企

---

[1] 凤凰网.https://feng.ifeng.com/c/7vr5ioQC3Ij, 2020-8-20.

业跨国并购交易的案例显示,这些案例中,57%为国有企业,36%为美国外国投资委员会认定"受政府控制的私有企业"。[①]值得一提的是,事实上,中国国有企业在美国并未进行大规模的投资,根据荣鼎咨询公司的统计数据,中国国有企业直接投资比重由2012年的41%下降为2018年的25%。中国国有跨国公司对此应提高警惕。

此外,疫情造成中国企业对外投资规模的萎缩。当前受疫情的持续影响,中国企业对外直接投资活动受到一定冲击,延续下降趋势,投资规模有所下降。商务部提供的数据,2020年一季度中国全行业对外直接投资256.8亿美元,同比下降2.8%,非金融类对外直接投资242.2亿美元,同比下降3.9%。在中国跨国公司较为活跃的跨国并购领域,疫情影响较大。安永发布《2020年一季度中国海外投资概览》显示,2020年一季度,中国企业宣布海外并购总额35亿美元,同比下降78%,创10年来单季度最低;跨国并购数量108宗,同比下降21%。欧洲虽然是中国企业一季度第一大跨国并购目的地,并购金额达到了15.8亿美元,但同比下降高达69.6%。在一些疫情仍较严重的地区,中国跨国公司跨国并购下降趋势明显。2020年一季度中国企业在美国、加拿大等北美洲地区的跨国并购金额仅为5亿美元,同比下降72.4%。近年来欧美等发达国家一直是中国跨国公司并购的主要目的地,对这些地区投资的大幅度下降说明受疫情的影响以及疫情发展的不确定性冲击,在当前世界经济前景还不明朗情况下,企业对外投资活动趋于保守,全球跨境直接投资放缓,中国跨国公司对外投资规模必然也会收缩。

需要指出的是,由于不同国家和地区疫情严重程度不同,采取的防疫政策也有差异,因此短期内疫情对中国跨国公司不同区域的对外投资影响程度不同。虽然2020年第一季度中国企业对欧美投资大幅度减少,但是对"一带一路"国家和地区的投资却逆势增长。根据商务部提

---

① 屠新泉,周金凯:美国国家安全审查制度对中国国有企业在美投资的影响及对策分析[J].清华大学学报(哲学社会科学版),2016(5):74—83.

供的数据,2020年第一季度中国企业在"一带一路"沿线国家和地区非金融类对外直接投资达42亿美元,同比增长11.7%,占同期投资总额的17.3%,较上年提升2.4个百分点。此外,一季度中国新签的海外工程项目不降反增。一季度中国对外承包工程新签合同额在5 000万美元以上的项目187个,较上年同期增加10个;上亿美元的大项目比上年增加22个。这也说明当前疫情下,中国跨国公司对外投资发展仍存在结构性的海外拓展机会。

总体上看,近年来,中国跨国公司取得了较大发展,已具备较明显的优势,其优势主要表现在两个方面,一是企业的规模优势,二是在传统行业的比较优势。此外,中国跨国公司在若干高技术新兴产业和现代服务业领域已开始崭露头角。这是未来中国企业进一步成长为世界一流跨国公司的良好基础。当前新冠肺炎疫情给世界经济造成了较大冲击,在全球经济一体化背景下,中国跨国公司跨国经营活动必然会受到疫情冲击,这需要中国跨国公司做好积极应对,尽量减少疫情带来的冲击,继续推进全球化进程,努力成长为世界一流跨国公司。

主要参考文献

崔凡.美国2012年双边投资协定范本与中美双边投资协定谈判[J].国际贸易问题,2013(02):125—133.

邓婷婷.欧盟多边投资法院:动因、可行性及挑战[J].中南大学学报(社会科学版),2019(04):62—72.

葛顺奇,陈江滢.中国企业对外直接投资面对疫情危机新挑战[J].国际经济合作,2020(04):21—36.

郭凌威,卢进勇,郭思文.改革开放四十年中国对外直接投资回顾与展望[J].亚太经济,2018(04):111—121,152.

李好,黄潇玉.对马来西亚投资:中国的机遇与风险[J].对外经贸实务,2018,No.348(01):23—26.

李平,徐登峰."走出去"战略:制度形成与改革展望[J].国际经济合作,2008(05):4—8.

李清如.日本税制改革的动向及影响[J].东北亚学刊,2019(5):74—86.

李巍,赵莉.美国外资审查制度的变迁及其对中国的影响[J].国际展望,2019,11(01):48—75,163.

廖博闻.马六甲皇京港第一岛码头即将竣工,http://www.chinareports.org.cn/djbd/2019/0611/9557.html,2019-06-11.

刘敏,黄亮雄,朱亚鹏.政府介入与中国企业对外直接投资[J].学术研究,2020(07):101—107,177—178.

刘瑞.日本的广域经济合作战略:新动向、新课题[J].区域和国别研究,2019(8):103—112.

刘彤.中企建皇京港分秒必争赶工期.https://baijiahao.baidu.com/s?

id=1592275992608286102&wfr=spider&for=pc,2018-02-13.

马德林.美国中国总商会举行《2020年在美中资企业年度商业调查报告》线上发布会,中国新闻网,http://www.chinanews.com/gj/2020/08-13/9263531.shtml,2020年08月13日.

貉雅梅:英国保守党获得议会多数,助力有序脱欧,西部证券宏观经济研究报告.

聂平香.特朗普减税对全球FDI的影响及中国的应对[J].国际贸易,2018(2):10—15.

石岩,孙哲.中美双边投资协定谈判的动因、难点及前景展望[J].现代国际关系,2015(06):9—16.

屠新泉,周金凯.美国国家安全审查制度对中国国有企业在美投资的影响及对策分析[J].清华大学学报(哲学社会科学版),2016(5):74—83.

韦朝晖.马来西亚:2017年回顾与2018年展望[J].东南亚纵横,No.292(02):30—36.

魏涛:从"黄马甲"运动看法国、意大利的经济困境,太平洋证券宏观经济研究报告.

邬琼.当前中国对外投资回顾和2020年展望[J].中国经贸导刊(中),2020(03):14—16.

杨波,柯佳明.新中国70年对外投资发展历程回顾与展望[J].世界经济研究,2019(09):3—15,134.

姚桂梅.中国对非洲投资合作的主要模式及挑战[J].西亚非洲,2013(5):103—117.

余永定.特朗普税改:两减一改、三大新税种和对美国经济的影响[J].国际经济评论,2018,No.135(03):6,11—27.

詹晓宁,欧阳永福.G20全球投资政策指导原则与全球投资治理——从"中国方案"到"中国范式"[J].世界经济研究,2017(4):3—13.

张季风.全球变局下的中日经济关系新趋势[J].东北亚学刊,2019(5):3—16.

张景全.对美国民众疫情防控意识的思考[J].人民论坛,2020(17).

张赛群.马来西亚"一带一路"差异化认同:原因、风险及启示[J].国外社会科学,No.328(04):25—32.

张生.从《北美自由贸易协定》到《美墨加协定》:国际投资法制的新发展与中国的因应[J].中南大学学报(社会科学版),2019(4):51—61.

张文朗等:德国,到底怎么了？光大证券宏观经济研究报告.

张幼文.重新定位对外开放——中国经济与世界经济的变化趋势[J].探索与争鸣,2020(7):32—41.

赵蓓文.双向投资中的战略协同[M].北京:人民出版社,2019.

赵江林.中国与马来西亚经济发展战略对接研究[J].亚太经济,2018,No.206(01):28—34,146.

郑联盛,陈旭.特朗普税改"冲击波":经济影响与政策应对[J].国际经济评论,2018,No.135(03):28—48.

钟正生:欧盟经济最坏时候可能已经过去,莫尼塔研究报告.

宗赫.哈佛大学公卫专家:美国疫情应对在全球主要国家中是最糟的.上观网,https://www.jfdaily.com/news/detail?id=280630,2020年8月18日.

俄罗斯央行官网:https://cbr.ru/eng/.

盘古智库:中日韩自贸区谈判及前景分析报告,2019年6月.

日本财务省官网:https://www.mof.go.jp.

日本贸易振兴会官网:https://www.jetro.go.jp.

日本银行官网:https://www.boj.or.jp.

商务部.2017年度中国对外直接投资统计公报,商务部网站,http://hzs.mofcom.gov.cn/article/date/201809/20180902791492.shtml.

商务部.2018年度中国对外直接投资供给公报,商务部网站,

http://hzs.mofcom.gov.cn/article/date/201512/20151201223578.shtml.

商务部.2019年中国对外投资合作国别(地区)指南-美国,http://fec.mofcom.gov.cn/article/gbdqzn/#,2020-4-7.

商务部.2020年上半年中国对"一带一路"沿线国家投资合作情况,http://www.mofcom.gov.cn/article/i/jyjl/j/202008/20200802988729.shtml,2020年8月2日.

商务部.中国对外直接投资发展报告2018. http://images.mofcom.gov.cn/fec/201901/20190128155348158.pdf.

商务部.中国对外直接投资发展报告2019. http://images.mofcom.gov.cn/fec/202005/20200507111104426.pdf.

商务部.中欧地理标志性协定将为双方地理标志提供高水平保护.http://www.gov.cn/xinwen/2019-11/07/content_5449903.htm.

商务部:中方认真落实中美签署第一阶段经贸协议.人民网-财经频道,http://finance.people.com.cn/n1/2020/0813/c1004-31821600.html,2020年08月13日.

西部证券宏观经济研究报告——全面解读欧洲疫情,2020.

中国商务部官网:http://www.mofcom.gov.cn.

Abdoulaye Wade, "Time for the West to Practice What it Preaches", *Financial Times*, January 24, 2008.

AEI. China Global Investment Tracker, https://www.aei.org/asia/, 2020-4-2.

Alschner, W., & Skougarevskiy, D., Mapping the Universe of International Investment Agreements. *Journal of International Economic Law*, 2016, 19(3), pp.561—588.

BP Statistical Review of World Energy June 2015, http://www.bp.com/statisticalreview.

Eurostat. *Newsrelease Euroindicators*. From No. 180/2019 to No.

61/2020.

IMF. *Europe Facing Spillovers from Trade and Manufacturing*. Nov. 2019.

JETRO. *JETRO Invest Japan Report 2019*. Nov. 2019.

Martyn Davies, "How China is influencing Africa's development", OECD Development Center Background Paper for the Perspectives on Global Development 2010 Shifting Wealth, 2010.

OECD. *African Economic Outlook*, 2016, https://www.oecd-ilibrary.org/development/african-economic-outlook-2016_aeo-2016-en.

OECD. *African Economic Outlook*, 2017, https://www.oecd-ilibrary.org/development/african-economic-outlook-2017_aeo-2017-en.

OECD. Investment Screening in Times of COVID-19 and Beyond, http://www.oecd.org/coronavirus/policy-responses/investment-screening-in-times-of-covid-19-and-beyond-aa60af47.

Rebecca Ray and Kevin P. Gallagher, China-Latin America Economic Bulletin 2017, https://www.bu.edu/gdp/files/2017/08/Economic-Bulletin.16-17-Bulletin.pdf.

Rhodium Group & MERICS. Chinese FDI in Europe: 2019 Update. April 2020. https://rhg.com/research/chinese-fdi-in-europe-2019-update.pdf (accessed April 16, 2020).

Rhodium Group, Two-Way Street: US-China Investment Trends, 2020 Update, https://rhg.com/research/two-way-street-us-china-investment-trends-2020-update/.

Richard Schiere and Alex Rugamba, "Chinese Infrastructure Investments and African Integration", Series No. 127, *African Development Bank*, Tunis, Tunisia. 2011.

Roland Berger. Report on the Development of Chinese Enterprises in the EU. Oct.2019. *China Chamber of Commerce to the EU*.

Tegegne Gebre-Egziabher, "Impacts of Chinese Imports and Coping Strategies of Local Producers: The Case of Small-Scale Footwear Enterprises in Ethiopia", *Journal of Modern African Studies*, 2007, 45(4), pp.647—679.

The Economist Intelligence Unit, "Playing the Long Game: China's Investment in Africa", *Mayer Brown report*, 2014.

UN. Foreign Direct Investment in Latin America and the Caribbean, New York, 2016.

UN. Foreign Direct Investment in Latin America and the Caribbean, New York, 2017.

UN. Foreign Direct Investment in Latin America and the Caribbean, New York, 2018.

UN. Foreign Direct Investment in Latin America and the Caribbean, New York, 2019.

UNCTAD. Fact Sheeton Investor—State Dispute Settlement Cases In 2018. IIA ISSUES NOTE ISSUE 2, Geneva, 2019.

UNCTAD. Investment Policy Framework for Sustainable Development, Geneva, 2015.

UNCTAD. Investment Policy Monitor ISSUE 23, Geneva, 2020a.

UNCTAD. Investment Policy Responsesto the COVID-19 Pandemic, Geneva, 2020.

UNCTAD. Recent Developments in the International Investment Regime: Taking Stock of Phase 2 Reform Actions: UNCTAD, Geneva, 2019.

UNCTAD. Trade and Development Report 2017. New York and Geneva, 2017.

UNCTAD. Trade and Development Report 2018. New York and Geneva, 2018.

UNCTAD. Trade and Development Report 2019. New York and Geneva, 2019.

UNCTAD. UNCTAD's Reform Package for the International Investment Regime(2018 edition), Geneva, 2018.

UNCTAD. World Investment Report 2018. New York and Geneva, 2018.

UNCTAD. World Investment Report 2019. New York and Geneva, 2019.

UNCTAD. World Investment Report: International Production Beyond the Pandemic, Geneva, 2020b.

UNCTAD. World Investment Report: Special Economic Zones, Geneva, 2019.

Wang Peng. Political Economy of China-US BIT Negotiation: Whose Decisive Pursuit of Leadership in Institutional Transformation? [J/OR]. www.transnational-dispute-management.com, Jan 2015.

World Bank, The Impact of COVID-19 on Foreign Investors: Early Evidence from a Global Pulse Survey, Washington D.C., 2020, https://unctad.org/en/PublicationsLibrary/diaepcbinf2020d3_en.pdf.

World Bank. Doing Business 2020: Comparing Business Regulation in 190 Economies, Wahington DC, 2020.

World Bank. Doing Business 2018: Reforming to Create Jobs, Wahington DC, 2018.

图书在版编目(CIP)数据

以对外投资促进国内发展：2020年中国国际直接投资报告 / 赵蓓文等著. —上海：上海社会科学院出版社，2020

ISBN 978 - 7 - 5520 - 3352 - 6

Ⅰ.①以… Ⅱ.①赵… Ⅲ.①对外投资—直接投资—研究报告—中国—2020　Ⅳ.①F832.6

中国版本图书馆CIP数据核字(2020)第202416号

以对外投资促进国内发展：2020年中国国际直接投资报告

著　　者：赵蓓文等
责任编辑：王　勤
封面设计：朱忠诚
出版发行：上海社会科学院出版社
　　　　　上海顺昌路622号　邮编200025
　　　　　电话总机021 - 63315947　销售热线021 - 53063735
　　　　　http：//www.sassp.cn　E-mail：sassp@sassp.cn
照　　排：南京理工出版信息技术有限公司
印　　刷：镇江文苑制版印刷有限责任公司
开　　本：710毫米×1010毫米　1/16
印　　张：13.5
字　　数：180千字
版　　次：2020年11月第1版　2020年11月第1次印刷

ISBN 978 - 7 - 5520 - 3352 - 6/F · 635　　　　　　　　　定价：69.80元

版权所有　翻印必究